"金融产品数字化营销职业技能1+X等级证书"考试参考教材

高等职业教育富媒体智能型教材·金融类

金融产品数字化营销（实操版）

JINRONG CHANPIN

SHUZIHUA YINGXIAO

韩宗英 于千程 主编

东北财经大学出版社
Dongbei University of Finance & Economics Press

大连

图书在版编目（CIP）数据

金融产品数字化营销（实操版）/ 韩宗英，于千程主编. —大连：东北财经大学出版社，2024.8. —（高等职业教育富媒体智能型教材·金融类）. —ISBN 978-7-5654-5363-2

Ⅰ.F830.95-39

中国国家版本馆 CIP 数据核字第 2024J2E142 号

东北财经大学出版社出版

（大连市黑石礁尖山街 217 号　邮政编码　116025）

网　　址：http://www.dufep.cn

读者信箱：dufep@dufe.edu.cn

大连天骄彩色印刷有限公司印刷　　东北财经大学出版社发行

幅面尺寸：185mm×260mm　　字数：253 千字　　印张：11.75

2024 年 8 月第 1 版　　　　　　2024 年 8 月第 1 次印刷

责任编辑：李丽娟　徐　群　石建华　　责任校对：一　心
　　　　　韩敌非

封面设计：原　皓　　　　　　　　　　版式设计：原　皓

定价：38.00 元

教学支持　售后服务　联系电话：（0411）84710309
版权所有　侵权必究　举报电话：（0411）84710523
如有印装质量问题，请联系营销部：（0411）84710711

党的二十大报告强调"教育、科技、人才是全面建设社会主义现代化国家的基础性、战略性支撑"，强调"深入实施科教兴国战略、人才强国战略、创新驱动发展战略，开辟发展新领域新赛道，不断塑造发展新动能新优势"。这些重要论断，使我们对教育的战略地位的认识提高到了新水平。面对百年未有之大变局，金融领域的新知识、新岗位、新技能、新管理扑面而来，新理念、新体系、新教材、新教法势在必行。

在当前全球经济全面迈入数字化时代的背景下，数字化营销已经不再是趋势，而是常态。基于这样的背景，无论是传统金融机构还是新兴的金融科技公司，都越发重视数字技术的投入和应用。

一方面，在营销领域，用户习惯已经发生变化，如果故步自封，不去适应数字化潮流，就会在竞争中处于劣势；另一方面，中国目前正面临严重的数字金融营销专业人才短缺的问题。由于数字金融营销是跨越金融科技知识、营销知识以及金融等学科的新兴领域，在业态模式、运营实操、场景搭建等方面一直处于不断发展、演变之中，这导致了目前已出版的相关专著、教材良莠不齐，内容深浅不一，或偏于计算机技术，或侧重于案例堆积。碎片化、快餐化的知识不能帮助学生系统化地掌握金融产品数字化营销的基础知识和操作以及正确理解流量、场景、技术和产品的内涵，必然使学生缺乏让企业数字化营销转化链条更加顺畅、更加有效的能力。

鉴于此，作者根据几十年的金融教学、实践经验以及对金融机构调研的成果，用三年的时间完成了本书的编写，以期为培养出更多的金融产品数字化营销人才贡献一份力量。

本书的编写在总体构架、模块设计和内容的选取上突出实践性、靶向性、实战性、创新性，力求使学生通过与实际工作相接近的知识、实操项目的学习和训练，达到能力、知识和职业素质的提升，并形成可转移的职业能力。

本书可作为高等职业教育金融类专业学生教材，也可作为金融实务部门工作者自学用书，为营销人员打开系统化数字化营销知识的窗口，亦可作为"金融产品数字化营销职业技能1+X等级证书"考试的参考教材。

本书将金融知识、营销知识、金融科技知识融于一体，共分为八个项目：项目一金融业数字化转型、项目二数字化营销体系、项目三数字化场景搭建、项目四用户画像、项目五客户旅程地图和项目六数字化运营。

本书在编写中体现了以下原则和特点：

1.内容上强调新颖性

本书在内容选取、编写方法上均以高等职业教育金融类专业学生的需求为出发点，力求适应本层次的教学需求。本书综合了大量国内外的最新资料、理论与实践，系统梳理了金融产品数字化营销的产生、成长、发展和监管，体系更加完善，对教学案例的引用也尽可能采用近三年的案例，力求跟上时代的步伐。

2.结构上体现实用性

本书的亮点在于突破单纯理论介绍的传统模式，侧重于将理论和实际案例进行融合、归纳，形成一个比较完整的、理论与实践有机结合的内容体系。为达到理论与实践相结合的目的，本书着重加强了案例教学和技能实训，将学习、探究、实训、拓展有机结合。不仅如此，本书还通过一事一例、一事一问和一事一题，使知识更容易被学生掌握。本书在体例的设计上通过"视野拓展"模块启发学生思考，拓宽学生知识领域；通过"案例透析"模块使学生联系真实案例对所学知识进行检验；通过"教学互动"模块将注意力不集中的学生拉回课堂；通过"小贴士"模块强调重点难点，并且在每个重要知识点后面插入了例子和图片，力求将抽象、生涩的知识进行直观化和形象化处理，以激发学生的学习兴趣，调动其主动学习的积极性。

3.形式上注重生动性

本书每一个项目都设计了三个任务，精心设计的每一个任务都吸引学生去思考、去完成，通过"完成任务"模块逐步导入金融产品数字化营销的理论知识，贯穿成一个清晰的脉络。每个新知识都配以相应的例子和知识拓展，同时尽可能采用活泼有趣的语言，力图使阅读不再枯燥乏味。在内容的介绍上使复杂的问题简单化、枯燥的原理形象化、零散的问题系统化。每个任务都配有综合练习，每个项目都配有实战演练，方便学生课后复习。

本书配套有电子课件、电子教案、视频、案例、习题及习题答案、模拟试卷等教学资源。

作者在编写过程中，参考了国内外大量相关教材、专著和资料，在此，谨向所有参考文献的作者表示感谢！金融产品数字化营销的改革还在不断探索之中，本书难免有疏漏和不当之处，敬请学术界同行和广大读者批评指正，并提出宝贵意见和建议，在此一并表示感谢！

作　者

2024年5月

目 录

金融业数字化转型

职业目标

职业知识：

• 了解数字化转型的内涵以及金融业数字化转型的必要性，了解数字化转型技术。

职业能力：

• 会建立数字化转型模型。

职业素养：

• 具有创新思维、客户思维、跨学科思维。

项目导读

数字化代表的是一种融合、高效、具有洞察力的企业运营模式。其体现的形式是行业软件将云计算、大数据、人工智能、物联网等技术串联起来，应用于企业业务、管理和运营。

金融业数字化涵盖了各种金融领域，包括银行、保险、证券、基金、支付等，包括金融机构内部业务的数字化、金融产品和服务的数字化、金融市场的数字化等多个层面。

数字化可以使金融业务的处理更加快捷、高效，使金融产品更易于定制和个性化，使金融服务更加普惠和便捷，同时降低了金融业务的成本和风险。随着技术的不断发展，金融数字化将成为金融业未来发展的重要趋势。

金融行业数字化转型是一个系统工程，转型过程中要进行统筹规划和实施，首先是数字化转型战略的顶层设计，其次是数字化应用能力的构建，最后是数据和IT能力的支撑，三者缺一不可。

任务一　金融业数字化转型架构

任务导入

某金融机构贷中风险管理采用传统的风控模式，贷中预警主要依靠基本规则加定期排查方式，输出的排查量大、准确度较低，导致人力成本偏高且预警力度不足。究其原因是贷中管理需要高频实时分析、挖掘和管理大量数据，但传统的风险控制技术导致内部数据难以有效整合，同时外部数据的补充也缺乏适配性。此外，贷中管理需要管理人员拥有丰富的金融业务知识和数据分析经验，并具备利用数据和技术来辅助决策的能力，特别是在贷中风险预警方面，需要快速、精准、全面地分析和识别贷款潜在风险。然而，由于时间、数据、人员等方面的不足，评估和预警的难度增加，从而使得风险得不到有效的管控。

任务要求：

请设计提升贷中管理能力的数字化转型方案。

▶▶▶

🗨 学而思，思而学

刻舟求剑这个成语，告诉了我们什么道理？

（提示：客观实际是不断发展变化的，如果人的思想认识不符合客观实际，把陈规旧章当成解决新问题的法宝，就不会把事情做成功。）

📖 案例透析1-1

叮咚买菜

【任务准备】

完成此任务，你需要掌握以下知识：

数字化转型是利用数字化技术和能力来驱动组织商业模式创新和商业生态系统重构的途径和方法，其目的是实现企业业务的转型、创新和增长。

金融业数字化转型是指将传统金融业务通过互联网、移动互联网、大数据、人工智能等技术手段进行升级和改造，从而提高金融服务效率和用户体验，实现金融业务的全面数字化和智能化。金融业数字化转型架构通常体现在创造新型数字化生态、构建新业务、完善基础设施及核心技术应用等方面。

一、创造新型数字化生态

(一) 共享数据资源

金融行业是数据密集的行业，这也为人工智能、大数据、云计算等前沿技术的应用提供了良好的数据基础资源。金融行业敢于尝试新技术，是数字化落地的场景之一。

1.打通所有业务系统中的数据

企业的 OA 协同办公系统、ERP 系统、客户关系管理（CRM）系统、财务系统、人力资源系统等，这些信息化项目的共同特点，就是把企业的组织架构、业务流程、运营模式等通过软件系统的形式固化下来，企业相关的员工、物料、设备、资金等要素围绕固化好的软件系统运转。但是，那些软件之间的数据根本无法联通，对于企业管理也会形成一定程度的阻碍。成功的数字化转型是以客户为中心目标来彻底改革组织，从而实现生产力的转型，利用软件工具和软件技术，赋能业务以获得创新能力，实现业务重塑。金融机构数字化运用业务经营过程中积累的数据资源，与外部公共信息如司法、社保、工商、税务、海关、电力、电信等数据互通，在业务发展、经营管理中进行客户画像，加强风险控制，提升经营效率，推动业务流程的线上化、智能化和自动化，实现风险管理实时化、决策支持智能化、资源配置精准化。

2.基于数据拓展业务

金融机构利用数字技术和数据要素实现双轮驱动，了解客户的消费习惯、投资偏好、风险承受能力等，挖掘出客户的个性化需求和行为特征，为客户量身定制金融产品或服务，实现"以产品为中心"跨越到"以客户为中心"。比如，保险行业基于数据融合的个人精准模型，打造个性化、有温度的保险产品。

(二) 连接新型基础设施

整合资源实现企业业务的转型、创新、增长。数字化转型说到底就是要整合自身资源，查漏补缺，重视科技投入，利用数字化技术实现业务创新或优化业务模式。IT 部门是技术实施的主体，因此需要技术和业务的深度融合，整合企业的基础设施资源、人力资源、数据资源、组织资源、社交资源等，构建统一的业务服务中心，实现敏捷流程决策路径，可支持业务应用程序的快速变化和创新。

视野拓展1-1
华为数字化转型

比如，在很多零售行业，企业必须整合来自不同渠道的信息，如采购记录等，以便更好地理解每一个客户。

📋 **小贴士 1-1**

数字化转型是企业发展的必经之路，企业需要从战略、组织、技术、文化和客户等多个维度来进行数字化转型：①数字化转型需要有一个清晰的战略规划，来考虑数字化转型的目标和方向、时间表和计划、重点领域、风险和收益等；②数字化转型需要有一个高效的组织架构和团队，来建立数字化转型的组织架构和职责、团队和人才储备、流程和标准、绩效考核机制等；③数字化转型需要有一个先进的技术支持，来选择适合自己的数字化转型技术、建立数字化转型的技术平台和基础设施、培训数字化转型的技术人才、保障数字化转型的信息安全等；④数字化转型需要有一个开放的文化氛围，来建立数字化转型的文化氛围和价值观、推广数字化转型的理念和思想、培养数字化转型的文化人才、建立数字化转型的文化评估机制等；⑤数字化转型需要有一个客户导向的思维，来关注客户需求和体验、优化数字化转型的客户体验、建立数字化转型的客户服务机制、提高数字化转型的客户满意度等。

（三）打造数据服务场景闭环

一个员工微信里有上千个客户，如何紧密地连接客户，并与客户轻巧互动，如何灵活匹配产品并帮助客户解决问题，如何打造一个集产品咨询、查看、购买的一站式整合服务平台，都是行业面临的营销难题。

有了数字基础设施后，业务与数据连接，打通了数据服务的最后一公里，从技术生态、应用生态、制度生态、人才生态四个方面系统化地构建了数据服务场景闭环。

1.技术生态

依托 CDH、Sybase IQ、GP 等技术，统一多源异构数据加工，打通数据孤岛，构建主题数据应用集市，形成高可用的数据资产，打好数据服务大厦的地基。

2.应用生态

以业务日常高频数据场景应用为核心，消除技术门槛，以点带面借助 BI 工具建立统一自助数据服务平台，快速响应各业务部门个性化的可视化数据分析需求。

3.制度生态

从数据安全、数据认责、数据需求、数据生成、数据使用、数据管理六个层面建立企业统一的指标标准，将权限管理、需求管理、上线规范等内容贯穿于全业务流程，保证数据生态有序进行且留痕。另外，完善业务团队人才结构，明确 ITBP 岗位职责，确保技术和业务之间始终沟通畅通、信息透明，促使数据生态的正向发展壮大。

4.人才生态

建立线上线下的人才培训机制，实现多层次、多渠道、多样化的全方位人才培养。此外，通过各种途径不定期开展内部数据分析大赛，逐步壮大服务生态，发挥业务人员的自主能动性。

小贴士 1-2

借助数字化的系统建设，国内有些券商的大数据金融服务已全面覆盖集团总部、子公司，以及40余家分支机构用户。其中，自助数据报表占比高达90%以上，分支机构月均访问率达100%，涉及的业务模块包括财务核算、经营管理、风险管理、运营、合规等多项内容。

二、构建新的业务

数字化转型是建立在数字化转换和数字化升级基础上，进一步触及公司核心业务，更加适应全面的在线环境，从最终用户的接触到后端的办公室工作，全面实现无须人工介入的过程自动化。构建新的业务可以从业务端和技术端发起。

（一）业务端

从模拟电视到数字电视、从胶卷相机到数字相机、从物理打字机到Word办公软件，其变革的本质都是将信息以"0-1"的二进制数字化形式进行读写、存储和传递。相比而言，数字化强调的是"流程的数字化"，运用数字技术改造商业模式、产生新的收益和价值创造机会。例如，企业资源计划（ERP）系统、客户关系管理（CRM）系统、供应链管理（SCM）系统等都是将工作流程进行数字化，从而倍增了工作协同效率、资源利用效率，为企业创造了信息化价值。数字化转型完全超越了信息的数字化或工作流程的数字化，着力于实现"业务的数字化"，使公司在一个新型的数字化商业环境中发展出新的业务（商业模式）和新的核心竞争力。其工作方向主要是致力于内部运营优化以降本提效、从主营业务创新挖掘增长潜力，以及标杆建设和标准化复制拓展业务边界。

（二）技术端

随着业务流程的日益烦琐，在金融产品种类繁多、客户体量庞大的情况下，客户需求存在很大差异：客户需要什么？客户对哪些产品感兴趣？员工一个个地向客户发送产品介绍，往往浪费了大量的时间，也无法做到高效地推广产品和精准化地运营客户。

因此，对客户需求的洞察，需要以相对成熟的技术革新驱动颠覆性的商业创新，以智能平台衍生卓越运营，进而带来持续增长。以下操作就是一个成功的最佳捷径：

1.找到企业的业务痛点

企业的业务痛点就隐藏在断点、盲点之中，当一个个断点被数字化连接起来，一个个盲点被数字化实现，量变引发质变，就实现了颠覆式创新。

2.对企业的业务痛点改进

颠覆式创新90%以上都是在"微创新"的基础上积累起来的。因此，企业在定位痛点的时候，先不用去想哪些业务可以颠覆，而是要考虑业务中还存在哪些流程的断点、业务的盲点，将其找到并进行改进。

☑ **教学互动 1-1** ....

问：数字化转型就是 IT 部门的工作吗？

答：数字化转型绝不只是 IT 部门的工作。企业只有对其组织活动、流程、业务模式和员工能力的方方面面进行重新定义的时候，数字化转型才可能得以实现。

三、完善基础设施及核心技术应用

（一）加强新型数字基础设施建设

1.新型数字基础设施建设的框架

加强新型数字基础设施建设应从三个方面着手规划和建设：首先，建设绿色高效的数据中心，加强能耗数据检测与管理；其次，架设安全泛在的金融网络，发挥区块链技术优势，为以参与主体多、验真成本高、交易流程长为特点的金融场景提供底层基础支撑；最后，布局先进高效的算力体系，加快云计算技术规范应用，将分布式与集中式融合来释放云端压力，突破现有算力约束和算法瓶颈。

2.新型数字基础设施建设的内容

数字新基建分为通信网络基础设施、算力基础设施与新技术基础设施等。

（1）通信网络基础设施通过终端设备采集数据，并以高带宽、低时延的网络实现数据传输，包括 5G、物联网等。

（2）算力基础设施提供算力支持，与通信网络及其他资源一起，为新技术应用提供便利，包括数据中心和智能计算中心。

（3）新技术基础设施包括云计算、人工智能和区块链。其中，云计算提供技术部署环境，人工智能驱动智能决策，区块链则是信任基础。以数字新基建为基础，大数据建设促进了数据采集、数据储存与计算、数据加工处理、挖掘分析等行业应用的产生和繁荣。

☑ **教学互动 1-2** ....

问：数据就是数字吗？

答：数据不仅是数字，互联网上的所有内容都可以被称为数据，如文字、图片、视频、音频等。

3.数字基础设施建设的步骤

无论在 IT 时代还是大数据时代，金融业一直以来都是信息化转型的先锋军。从技术视角完成数字基础设施建设有五个基础阶段：

（1）基础构架阶段。打造统一数据门户，建立基础报表应用体系，实现初步企业级数据治理和安全应用。

（2）初步应用阶段。实现管理信息的自测用数，支持对管理信息进行自主钻取和切片，通过数据可视化，实现业务用户的自主选择、关联和获取数据。

（3）综合应用分析。按各种视角（如用户、产品、服务、渠道、员工、交易等）执行数据分块，构建分析模型。从数据中提炼信息，为业务用户提供参考意见。

（4）综合应用预测。综合考虑不同业务，构建预测模型，识别业务关注的重点，利用新数据补充完善模型的预测结果，提升预测结果的可信度。

（5）智能应用阶段。收集各种内部和外部数据，进行数据挖掘，从看似无关的数据中找到潜在的规律。实时的数据驱动，迅速捕获商机，识别防范风险。

当然，在实际的执行过程中，还需要结合自身实际业务情况进行数字化建设，并不断调整数字服务重心。

（二）提升数字化核心能力

数字化的核心是数据，通过数字化技术手段的应用，如大数据、智能分析、微服务、中台架构等，释放金融业所汇集的数据流、信息流、资金流价值，提升金融机构业务运营能力。

☑ 教学互动 1-3 ....

问：金融机构的数据来自哪里？

答：金融机构的数据来自两处：一处是数据仓库，这里的数据来源于业务系统的数据中心；另一处是资讯数据中心，这里的数据主要来源于外部。实际场景中，两大中心的数据会通过机构、人、产品，紧紧联系在一起。在两大中心之间有个关联，关联中有两个重要的工具——用户画像和企业画像。

1.内部运营

在数据驱动的背景下，金融机构内部运营方式发生了重大转变。

（1）数据驱动用户运营。通过对不同场景数据做深度分析，可以判断用户生命周期价值、累计客户结构的健康程度，还可以通过成长期"留存率"、新手期"激活率"进行客户质量评估。

（2）数据驱动产品运营。将不同产品置于相同环境下，基于用户行为数据判断何种功能、产品带来的价值较大，从而加大对产品的资源倾斜。

（3）数据驱动业务运营。在设定目标的前提下，运用在用户运营、产品运营中所积累的数据进行方案策划，通过可视化进程不断对业务运营效果及时评估，并进行动态优化，实现数据在业务运营全流程的数据化。

2.核心技术应用

除了内部运营能力发生变化外，金融机构核心业务能力也因数字化转型不断升级。例如，在商业银行风控领域，数字化技术可以在贷前调查、贷中审批、贷后风险预警上发挥重要作用。在贷前调查阶段，商业银行通过引入知识图谱等技术，将银行内外部信息进行关联，构建覆盖全部客户信息的风险管理网络，保证银行与用户的信息对称。在贷中审批阶段，基于机器学习算法等技术，对贷款人的还款意愿进行风险评估，也可以通过 G 端的数据引入，丰富商业银行数据库，为授信审批提供数据基础。在贷后风险预警阶段，引入大数据分析学习技术，与财务风险专家经验相结合，构建客户财务异常系统功能。

视野拓展1-2
传统金融业和数字化金融业的区别

四、金融业数字化转型的实施

数字化转型需要经历策略制定、技术选型、人员培训、流程重塑等多个环节。

视野拓展1-3
数据驱动赋能解业务洞察之惑

（一）确定数字化转型的目标和战略

金融企业需要明确数字化转型的目标和战略，确定数字化转型的重点领域和实施计划，以确保数字化转型的效果和成效。

（二）选择适合自身业务的数字化技术

数字化转型需要根据企业自身的业务需求和特点，选择适合的数字化技术，如人工智能、区块链、大数据等，进行技术选型和方案设计。

案例透析1-2
出租车的最大化利用效率

（三）组建数字化团队

数字化转型需要组建专业的数字化团队，为数字化转型提供技术支持和人员培训，以确保数字化转型的顺利实施和成功落地。

（四）优化流程

数字化转型需要对企业的流程和组织架构进行优化和重构，以适应数字化时代的需求和挑战，实现数字化转型的效果和成效。

数字化转型是一个长期的过程，需要不断跟进和完善数字化转型计划，适应市场变化和业务需求的变化，实现数字化转型的长期可持续发展。

【任务实施】

一、学生分组讨论

（1）将上课班级划分成若干小组（每小组 5～6 人），每个小组派出 2 名学生回答教师的提问：①金融业数字化转型的实施环节（能够正确表述得 40 分，少回答一项扣 10 分）；②金融业数字化转型的架构内容（能够正确回答得 30 分，少回答一项扣 10 分）。

（2）教师检查小组任务完成情况（按时并保质完成任务得 30 分，不符合要求的酌情扣分）。

二、教师记录小组成绩

第（　　）次成绩记录表

小组成员

姓名	学号	组内分工

评价内容	教师评分	评价标准（满分100分）	考核等级
掌握金融业数字化转型的实施环节（40分）		优：≥90分 良：80~89分	
掌握金融业数字化转型的架构内容（30分）		中：70~79分 及格：60~69分	
完成本项目的任务一（30分）		差：<60分	

教师点评：　　　　　　　　　　　　　　　　　　　　教师签名：

　　　　　　　　　　　　　　　　　　　　　　　　　　年　　月　　日

任务二　数字化转型技术

任务导入

A银行的传统营销流程如图1-1所示。

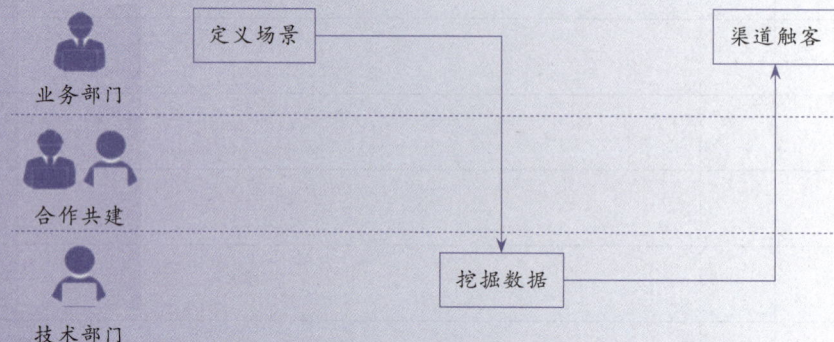

图1-1　传统营销流程

A银行的传统营销流程存在以下问题：

1. 场景定义分散，缺乏营销精准性

客户的成长是有规律性的，如客户可能从办一张借记卡开始，然后逐渐发生消费、储蓄、理财等行为。虽然A银行的营销以业务指标为中心，但营销活动略显零碎，并未实现以客户旅程为核心的全流程管理，营销活动只是手机银行、银行卡三方绑定和理财基金体验。割裂化的推销导致客户厌倦并忽略这种营销，甚至大量频繁的营销活动引发客户投诉。

2. 数据挖掘不透明，缺乏针对性

数字化营销的核心要素之一是"数据"。而A银行营销数据的来源单一，仅靠上级部门下发、简单圈划，或脚本机械"跑数"，业务逻辑不透明，数据也没有经过分析、加工和改造。有时营销部门对数据策略的选择并不恰当，其长期积累的业务经验无法在营销策略的实施中完全体现出来，导致营销活动效果不佳。此外，营销部门不能对活动本身进行持续优化，也无法评估活动成效，难以实现营销活动的"持续进化"。

3. 触客渠道窄，缺乏多样性

短信、外呼、手机银行等是A银行的主要渠道，但是从实效上来看，短信渠道虽便捷，但容易被客户忽视；外呼渠道虽效果好，但对外呼人员的水平和技巧要求较高；手机银行虽功能丰富，具有较大的营销潜力，但很多银行并没有通过运营设计充分挖掘手机银行的营销潜力。

4.技术部门参与度低，缺乏创新性

虽然各类平台功能很丰富，但是营销部门缺乏数据分析的支撑，只是通过业务经验和较为盲目的勾选标签来完成数字化营销的活动部署。

任务要求：

通过"数据+技术"的数字化营销，拓宽触客渠道。

学而思，思而学

热爱摄影的刘先生自驾新车出游崇礼雪场，让他没想到的是自己发布在网络社区的短视频被微信公众号"一条"及微博账号"一条"使用，进行广告宣传。

为此，刘先生以侵害著作权为由将微信公众号"一条"及微博账号"一条"的运营商上海一条网络科技有限公司诉至法院，要求对方赔礼道歉，并赔偿经济损失100万元及合理开支3.8万元。

2019年4月26日上午，北京市海淀区人民法院对此案审理后，判令上海一条网络科技有限公司赔礼道歉并赔偿经济损失及合理开支50余万元。

请问这个案例给我们的启示是什么？

（提示：加强专业伦理教育，培养数字素养。）

【任务准备】

完成此任务，你需要掌握以下知识：

数字化转型的核心强调了两点：一是数字化技术的应用；二是业务或商业模式的重塑。业务或商业模式的重塑是根本目标，而数字化技术是工具和手段。

金融数字化涉及多种数字技术。例如，云计算是基础设施，人工智能依托于云计算和大数据，推动科技发展走向智能化时代。区块链推动了模式重构，它的实现离不开数据资源和计算分析能力的支撑。这些技术可以应用于金融业务的各个环节，包括金融产品设计、客户服务、风险管理、合规监管等方面。

当然，这些新兴技术并非彼此孤立，而是相互关联、相辅相成、相互促进的。数字化转型的核心技术如图1-2所示。

一、大数据技术

从上古时期的结绳记事、以月之盈亏计算岁月，到后来部落内部以猎物、采摘多寡计算贡献，再到历朝历代的土地农田、人口粮食、马匹军队等各类事项都涉及大量的数据。虽然这些数据越来越多、越来越大，但是人们都未曾冠之以"大"字。

```
                      金融科技
  ┌──────┬──────┬──────────┬──────────┬──────────┐
大数据技术 互联网技术  人工智能技术  分布式技术    安全技术
          ┌────┬────┐        ┌────┬────┐  ┌────┬────┐
       移动互联网 物联网      区块链 云计算  生物识别 其他
```

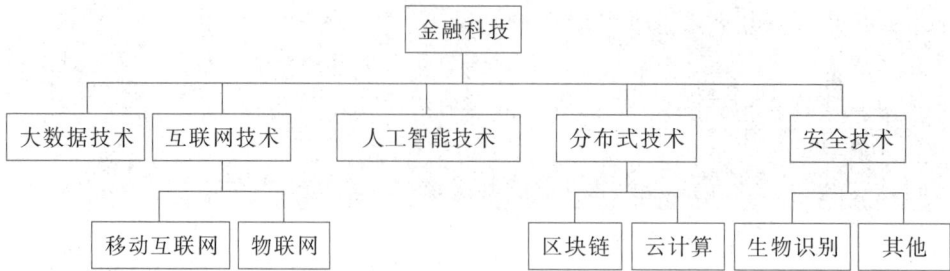

图1-2　数字化转型的核心技术

随着互联网的快速进化和急速膨胀，大量的信息产生，大数据技术是对数量巨大、来源分散、格式多样的数据进行采集、存储和关联分析，从中发现新知识、创造新价值、提升新能力的新一代信息技术和服务业态。

大数据技术为金融业带来不同领域的种类丰富、格式各异的数据，而基于大数据分析能够从中提取有价值的信息，为精确评估、预测以及产品和模式创新、提高经营效率提供了新手段。例如，在保证用户体验和信息安全的同时，疏而不漏地成功筛选出黑名单用户，以及可能存在通话地点频繁更换等重要信息。这些信用都要被识别、归纳和分析，仅仅依靠人是不可能完成的，因此需要依靠大数据模型来寻找更重要的变量，完成筛选工作。

例如，北京公交一卡通每天产生4 000万条刷卡记录，分析这些刷卡记录，可以清晰地了解北京市民的出行规律，从而有效改善城市交通。但这4 000万条刷卡记录，不是想用就能用的，需要通过"存储""计算""智能分析"来对数据进行加工和支撑，从而实现数据的增值。

然而，最关键的问题不在于数据技术本身，而在于要满足以下标准：第一，这4 000万条刷卡记录，是否足够多，足够有价值；第二，是否找到了适合数据技术的业务应用。大数据技术主要围绕数据价值化这个核心来展开，涉及数据采集、数据传输（整理）、数据存储、数据处理（分析）、数据检索和数据挖掘六个步骤，如图1-3所示。

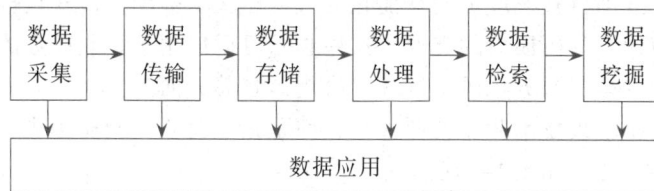

```
数据采集→数据传输→数据存储→数据处理→数据检索→数据挖掘
            │    │    │    │    │    │
            └────┴────┴─数据应用─┴────┴────┘
```

图1-3　数据价值化的步骤

1.数据采集

数据采集（收集）主要有两种方式：

（1）抓取（爬取）。搜索引擎把网上的所有的信息都下载到它的数据中心，这样才能将信息搜索出来。当用户搜索时，结果会是一个列表，这个列表在搜索引擎的数据中心；当用户点击链接时，显示出来的网站就不在搜索引擎的数据中心了。

例如，新浪上有个新闻，用百度搜索出来后，当用户不点击新闻时，网页在百度的数据中心；当用户点击新闻时，显示出来的网页就在新浪的数据中心了。

（2）推送。有很多终端可以帮用户收集数据。比如，小米手环，每天将用户的跑步数据、心跳数据、睡眠数据等上传到数据中心。

2.数据传输

数据的传输一般会通过队列的方式进行，因为数据量实在是太大了，数据必须经过处理才会有用。但系统处理不过来，因此只好将数据排好队，慢慢处理。

3.数据存储

数据就是金钱，掌握了数据就相当于掌握了财富。网站之所以知道用户想买什么，就是因为它有用户的历史交易数据。这个信息十分宝贵，因此需要存储下来。

例如，每年公司都会进行体检，这些信息都会存储在医院的档案库，而医院通过大数据分析，就会提醒体检者身体的变化，以及需要预防的方向。

全球信息存储能力大约每三年翻一倍，信息存储能力的增加为人们利用大数据提供了近乎无限的想象空间。

4.数据处理

存储的数据是原始数据，十分杂乱，还不能称为信息。信息会包含很多规律，因而需要对数据进行清洗和过滤，从而得到一些高质量的数据。拥有高质量的数据，就可以对其进行分析、分类，发现数据之间的相互关系，总结出规律，将其应用于业务场景中。

数据分析技术是大数据技术体系的核心环节之一，数据分析需要根据不同的数据类型采用不同的分析技术，目前主要的数据分析方式包括统计学分析方式和机器学习方式。

海量数据上传到云计算平台后，自然而然地需要对数据进行深入分析，这就是大数据的目的。

5.数据检索

检索就是搜索。谷歌和百度两大搜索引擎都是将分析后的数据放入搜索引擎，因此人们可以通过搜索寻找信息。大数据往往混合了来自多个数据源的多维度信息，它可以取代传统意义上的抽样调查。

6.数据挖掘

数据仅仅被搜索出来已经不能满足人们的需求，人们还希望从信息中挖掘出相互的联系。比如，当用户搜索某公司的股票时，该公司的高管也应该被挖掘出来。如果搜索出该公司的高管发了一个对公司不利的声明，那么用户就会重新考虑要不要购买该股票。因此，通过各种算法挖掘数据中的关系，形成知识库，十分重要。

7.数据应用

所谓的大数据应用，就是把大数据技术手段应用在各行各业中。它的作用在于对数量巨大、来源分散、格式多样的数据进行采集、存储和关联分析，并从中发现新知识、创造新价值、提升新能力。大数据贵在应用，当大量的数据和大数据技术完美结合后，可解决或改善采集、存储、计算和分析中的问题。

小贴士 1-3

海量数据上传到云计算平台后，对数据进行深入分析和挖掘，这就是大数据的目的。例如，将几千辆车的位置信息综合起来，分析出某条路的拥堵状况；将某个城市几百万人的健康状况进行综合分析，也许就可以得出某个工厂周围某种疾病的发病率比较高的结论……这些都是大数据做的事情。

教学互动 1-4

问：大数据如何用在股票市场？

答：在股票市场，大数据技术可以根据股市的历史走势、交易数据、市场指数，甚至是监控新闻或舆论消息，来挖掘出可能导致股价波动的模式，从而预测股价未来的走势，作出相应的交易行为（买入、卖出或持有）。

二、互联网技术

互联网是连接网络的网络，是任何分离的实体网络的集合，这些网络以一组通用的协议相连，形成逻辑上的单一网络。这种将计算机网络互相连接在一起的方法被称为网络互联。

小贴士 1-4

互联网是金融科技的基础，帮助传统金融从线下走向线上。利用互联网或者移动互联网汇集海量的用户和信息，实现金融业务中的资产端、交易端、支付端、资金端的任意组合的互联互通，本质上是对传统金融渠道的变革，通过互联网实现信息共享和业务融合，最具代表性的有网络借贷、网络众筹、互联网基金销售等。

（一）移动互联网

移动互联网是指互联网的技术、平台、商业模式和应用与移动通信技术结合并实践的活动的总称。它既继承了个人电脑端互联网开放协作的特征，又融入了移动通信实时、便携的优势。其本质是互联网大脑神经纤维种类的丰富，让互联网用户更便捷、更不受地域限制就能连接到互联网大脑。

移动互联网有广义和狭义之分。广义的移动互联网是指用户可以使用手机、便携式电脑等移动终端通过协议接入互联网。狭义的移动互联网是指用户使用手机终端通过无线通信的方式访问采用无线应用协议（WAP）的网站。移动互联网通过便捷的使用方式，为科技赋能提供了基础。

小贴士 1-5

很多金融机构都通过移动 App 触达自己的 C 端客户，而且现在的客户群体已经非常适应互联网新型的浸入式、体验式的服务，如直播、短视频等。所以，新型的远程金融、直播服务、短视频服务已经进入到金融服务的移动应用中来。通过这种方式可以降低用户对一些复杂金融产品的认知门槛，更好地触达客群和进行相关营销合作。

（二）物联网

当互联网开始进一步向外延伸，并与世上的很多物品连接，这些物品开始不停地将实时变化的各类数据传回到互联网并与人开始互动的时候，物联网诞生了。

物联网（Internet of Things，IOT）主要是指通过智能感知、识别技术与普适计算、泛在网络的融合应用，实现智能化识别和管理。简单地说，物联网就是物物相连的互联网。

通过物联网将所有事物和信息联系起来后，数据才有了关联，数据有了关联才能产生更大的价值。

教学互动 1-5

问：物联网对金融的作用有哪些？

答：物联网最大的作用在于数据的产生，大数据可以帮助商业银行更好地了解、分析客户以及防控风险等。物联网可以通过智能设备的安装，监控具体商品实际的生产过程，让它更加接近企业真实的生产经营数据，从而帮助银行更好地对客户进行风险评估、贷后管理及抵押品的监控等。

三、人工智能技术

人工智能（Artificial Intelligence，AI）是指通过计算机程序或机器来模拟、实现人类智能的技术和方法。它可以让计算机具有感知、理解、判断、推理、学习、识别、生成、交互等类人智能的能力，从而能够执行各种任务，甚至超越人类的智能表现。

人工智能在各个领域都有应用，如语音识别、图像识别、自然语言处理、智能交互、自动驾驶、医疗健康等，在金融领域的应用也涉及许多方面，包括客户服务、风险评估、智能投资、反欺诈以及财务分析等。

人工智能技术的核心是机器学习和深度学习等算法，它们通过大量数据和训练，使计算机可以自动发现数据中的规律，并进行模式识别、分类、预测等操作。

（一）机器学习

机器学习是一种实现人工智能的方法。

机器学习最基本的做法，是使用算法来解析数据、学习数据，然后对真实世界中的事件作出决策和预测。与传统的为解决特定任务、硬编码的软件程序不同，机器学习是用大量的数据来"训练"，通过各种算法从数据中学习如何完成任务。

例如，当我们浏览网上商城时，经常会出现商品推荐的信息。这是商城根据你往期的购物记录和冗长的收藏清单，识别出哪些是你真正感兴趣，并且愿意购买的产品。这样的决策模型，可以帮助商城为客户提供建议并鼓励产品消费。

（二）深度学习

深度学习是一种实现机器学习的技术。其动机在于建立和模拟人脑进行分析学习的神经网络，它模仿人脑的机制来解释数据，如图像、声音和文本等。由于深度学习使用了深度神经网络使模型变得更复杂，因此模型更能深入地解读数据。

小贴士1-6

围棋被誉为人类智慧的最后堡垒，是人类大脑智慧的专利。但是谷歌开发的人工智能程序阿尔法狗横扫围棋界，先后打败了围棋世界冠军李世石和柯洁。

百度CEO李彦宏乘坐无人驾驶汽车驶上了北京五环，昭示着"无人驾驶"距离我们不再遥远。

快递行业开始采用智能分拣机器人分拣包裹，高效、省时、准确，即便昼夜不停，也不会疲惫，智能分拣将有望取代人工分拣。

以上事例无一不显示出大数据和人工智能的快速发展，人类正站在一个新时代的风向口，智能时代的浪潮即将来临。

小贴士1-7

人工智能技术可以提高金融产品和服务的智能化程度，如智能客服、智能风控等。

四、分布式技术

所谓分布式技术，就是将不同的服务模块部署在多台不同的服务器上，然后通过远程调用协同工作，共同对外提供服务。由于分布式网络中数据的存储和处理都是在本地工作站进行的，每台计算机都能够存储和处理数据，因此不要求服务器功能十分强大，其价格也就不会过于昂贵。同时，分布式技术允许多台计算机共享网络的数据、资源和服务，因此对用户来说，就像是一台计算机在服务一样。分布式技术的典型代表有区块链和云计算。

（一）区块链

区块链，就是由一个又一个区块组成的链条。每一个区块中保存了一定的信息，它们按照各自产生的时间顺序连接成链条。这个链条被保存在所有的服务器中，只要整个系统中有一台服务器可以工作，整条区块链就是安全的。这些服务器在区块链系统中被称为节点，它们为整个区块链系统提供存储空间和算力支持。

视野拓展1-6

区块链技术在金融场景中的应用

从技术的角度来看，区块链是一种与分布式系统有关的技术。分布式是基础，区块链不过是在分布式的基础上做了一些"封装"，区块链技术实际上是分布式账本的一种特定实现。当然，分布式账本不一定将数据打包成块，块和块之间的连接方式也不一定采用链状的连接方式。

区块链具有两大核心特点：一是去中心化；二是数据难以篡改。

在一个分布有众多节点的系统中，每个节点都具有高度自治的特征。节点之间彼此可以自由连接，形成新的连接单元。任何一个节点都可能成为阶段性的中心，但不具备强制性的中心控制功能。节点与节点之间的影响，会通过网络而形成非线性因果关系。这种开放式、扁平化、平等性的系统现象或结构，我们称之为去中心化。

如果要修改区块链中的信息，必须征得半数以上节点的同意并修改所有节点中的信息，而这些节点通常掌握在不同的主体手中，因此篡改区块链中的信息是一件极其困难的事。

基于这两个特点，区块链所记录的信息更加真实可靠，可以帮助解决人们互不信任的问题。

去中心的特征适合拥有核算相关业务的行业，如银行、证券、数字货币等与金融相关的行业；信息不可篡改的特点，可以提高交易的安全性和透明度，适合于身份认证、数据存证等场景。

（二）云计算

视野拓展1-7

大数据、物联网和云计算三者之间的关系

物联网和互联网产生大量的数据，在远程的数据中心，成千上万台电脑和服务器连接成一片电脑云，这些数据要找一个地方集中存储和处理。

与集中式计算中心相对应，分布式计算是将在不同物理区域的

计算资源组织整合起来进行计算。分布式计算提供了很多方法，不过在处理更大规模的数据分析和资源需求时，它缺乏弹性，不易管理，对用户没有亲和性。而云计算是分布式计算面向应用的延伸，其作用是将海量数据集中存储和处理。分布式计算是云计算的实现基础，没有分布式技术，云计算的概念和盈利模式只能是纸上谈兵。

当然，云计算可以是一个分布式计算系统，也可以是一个集中式的计算中心，只要你有权限提交你的计算需求，本质上云计算与本地计算相对应。

云计算技术能够为金融机构提供高效、安全的数据存储和处理能力，降低 IT 成本，提高业务效率。金融机构可以基于云计算和大数据技术推出个性化的金融产品或服务，提供更好的客户体验。

小贴士 1-8

支付宝是中国最大的移动支付平台，通过手机应用程序和短信支付，实现了金融交易的快捷性和便捷性。微信支付是中国最受欢迎的移动支付平台，通过微信应用程序和公众号，实现了金融交易的快捷性和便捷性。京东贷是京东旗下的在线贷款平台，通过在线申请和审批，实现了贷款的快速审批和放款。百度金融是百度旗下的金融云计算平台，通过云计算技术，实现了金融数据的存储和处理，提高了数据安全和访问速度。携程金融是携程旗下的人工智能金融平台，通过人工智能算法，实现了金融决策的自动化和智能化。

五、生物识别技术

生物识别技术是通过人类生物特征对身份进行认证的一种技术。人类的生物特征通常具有唯一性、可测量或可自动识别和验证、遗传性、终身不变等特点。

现有的生物识别技术包括指纹识别、虹膜识别、人脸识别、静脉识别。

（一）指纹识别

指纹识别是最古老的生物特征识别，现代指纹识别技术容易被人们接受，因为只需要少量指导便可实现轻松采集。此外，指纹特征占据的存储空间较小，设备轻巧，易于和移动设备结合。

（二）虹膜技术

虹膜是一种在眼睛瞳孔内呈织物状的薄膜，每一个虹膜都包含一个独一无二的特征结构，没有任何两个虹膜是一样的。因此，虹膜和指纹有相同的特性：独一无二，私人专享，且不易随时间而大幅度改变。目前，指纹识别只需一个小型模块，而虹膜识别却需要庞大的分析系统和计算系统附着于摄像头之后，加之识别设备的造价很昂贵，这就注定现阶段的虹膜识别是无法运用在手机等小型电子设备上的。

（三）人脸识别

人脸识别，又称人像识别、面部识别，是基于人的脸部特征信息对身份进行识别的一种生物识别技术。人脸识别用摄像技术、扫描技术采集含有人脸的图像或视频流，并自动在图像中检测和跟踪人脸，对检测到的人脸进行脸部的一系列认证的技术。人脸识别技术将在相当长的一段时间内与多种生物识别技术（如指纹识别、虹膜识别）一起使用，取长补短。

就目前来看，人脸识别系统已被广泛地应用于金融、司法、军队、公安、边检、政府等众多领域。

（四）静脉识别

静脉识别在金融领域的应用逐渐从早期的身份认证走向金融支付，已经进入实用化阶段。静脉识别具有以下优势：

（1）高度防伪。静脉藏匿于身体内部，被复制和盗用的可能性非常小。

（2）简洁易用。对使用环境的要求不高，如手指上有油污、灰尘等，都不会影响使用。

（3）高度准确。静脉识别的认假率为0.0000067%，拒真率为0.01%，注册失败率为0。

（4）快速识别。10 000枚手指静脉信息，识别所用的时间少于1秒。

【任务实施】

一、学生分组讨论

（1）将上课班级划分成若干小组（每小组5～6人），每个小组派出2名学生回答教师的提问：①数字化技术的种类（能够正确回答得40分，少回答一项扣10分）；②分析数字化转型技术案例（能够分析教师指定案例得30分，分析不够准确的酌情扣分）。

（2）教师检查小组任务完成情况（按时并保质完成任务得30分，不符合要求的酌情扣分）。

二、教师记录小组成绩

第（　　）次成绩记录表

小组成员		
姓名	学号	组内分工

续表

姓名	学号	组内分工

评价内容	教师评分	评价标准（满分100分）	考核等级
掌握数字化技术的种类（40分）		优：≥90分	
能够分析数字化转型技术案例（30分）		良：80~89分 中：70~79分	
完成本项目的任务二（30分）		及格：60~69分 差：<60分	

教师点评：　　　　　　　　　　　　　　　　　　教师签名：

　　　　　　　　　　　　　　　　　　　　　　　　年　　月　　日

任务三　金融业数字化转型模式

任务导入

车主理赔场景：

某车辆发生交通事故—车主联系保险公司—等待理赔员到来—进行重要的查勘定损—审批—赔付—结案。

百度地图应用场景：

百度地图（在海量多维的时空数据基础上）—融入人工智能、大数据、云计算等新兴技术—打造出百度地图开放平台、百度专网地图及百度地图时空大数据等多元化的产品服务。

任务要求：

将地图服务应用于车险产品的全链路管理，实现"全透明"的车险理赔服务。

▶▶▶

学而思，思而学

移动互联网时代，一天24个小时，人们除睡觉和工作外，80%的时间花在了手机上。手机改变了客户行为，形成了新流量集聚地——互联网。金融机构应如何看待这种新现象？

（提示：这个现象告诉我们：随着科技的发展，经济活动和外在社会发生了根本变化。这些变化带来了人们行为模式的变化，而人们行为模式的变化又形成了新的市场需求。这个新的市场需求造就了巨大的发展动力，诸如更多、更新的市场机会，而新市场的涌现和旧市场的消失，推动了金融传统模式向新模式转化。如果金融机构仍然以机构网点为主要获客基地，将会发现来网点的客户越来越少。）

【任务准备】

完成此任务，你需要掌握以下知识：

金融机构要完成从信息化、互联网化走向智能化的改变，更多地选择和科技公司全面合作，也有类似招商银行这样的金融企业自身就志在蜕变为一家金融科技公司。无论是金融业借助金融科技转型，还是金融机构自身转变为金融科技企业，都是金融业自身的演变，是科技驱动创新。

目前，金融机构推动数字化建设有五种常见模式：设立独立科技子公司；引入外部专业机构合作；业务单元内部自建独立的科技部门；与科技公司共建；内部业务岗位与数字化岗位无缝协同。

一、设立独立科技子公司

设立独立科技子公司是大型金融机构最常采用的方式，几乎成为一线金控、银行、保险集团的标配。

这些独立的科技公司以科技本质为内核迅速发展起来，最大的已经具有上万人的规模，其中很多公司都同时配备了基础研究能力和技术商业化能力，大部分与信息科技部门紧密绑定，配合业务单元或职能部门完成诸如App开发、客户画像建模、数据湖等工作；少数科技子公司能够走得更靠前些，定位也更加独立，强调以技术驱动业务转型升级，或自行孵化新业务、新产品。

这种模式是最有可能获得长期收益的方式，由此建立的业务闭环使外部其他各类机构难以效仿，但高昂的成本投入对于中小型机构可能会面临科技投入抵消当期业务盈利的窘境，如图1-4所示。

长期不确定	制定长期计划目标，分阶段投入资源和管理项目，随时停止和纠偏		独立公司对闭环业务和长期盈利的要求，使其具有天然的扩张性，在金融科技工作边界无法有效定义的情况下尤其如此，这意味着全面规划、系统建设和持续投入。同时，若数字化转型能达到预期效果，可能为大型金融企业带来独特的、永远领先一步的竞争壁垒
收益			
短期、基础/平均	以试点方式进行科技转型投资，更多借鉴行业内已成型案例，若执行得当，则可以预见获取短期的市场平均回报		
	阶段性可控	成本	持续投入

图1-4　设立独立科技子公司

视野拓展1-8

金融机构纷纷设立科技公司

比如，阿里云的淘宝、天猫、1688都是自己开发数据库管理，各自的数据又不一样，到处是"信息孤岛"，并且每个单位都各自开发一套处理数据的工具，非常浪费，于是开发了一套数据中台，对这些数据进行分析之后，不仅可以自己用，还可以给别人提供服务。

二、引入外部专业机构合作

对于未能建立完备的科技力量的中小型金融机构，则更加青睐借助外部专业机构的力量推动数字化转型工作的启动和进行；它们寻找具备类似经验的专业机构，希望将相对成熟的体系或产品直接引入，以降低风险。大型金融集团的业务公司也常常会跨过集团内部平行的科技公司，引入外部智库，针对自身业务发起更为直接、更为贴身的智能化项目。

与外部专业机构合作的优点是，对于成熟案例的直接引入非常节省资源，也可以成为提振组织内部对于数字化转型信心的实战演习工具。若能在此基础上不断演进，后续变革，持续叠加IT对于业务的实质影响，试点也可能成为引爆工具。采用此种模式的金融企业需认真考虑外购能力内化的问题。从长期来看，对核心能力的采购和更大范围的落地实施将会越来越困难，如图1-5所示。

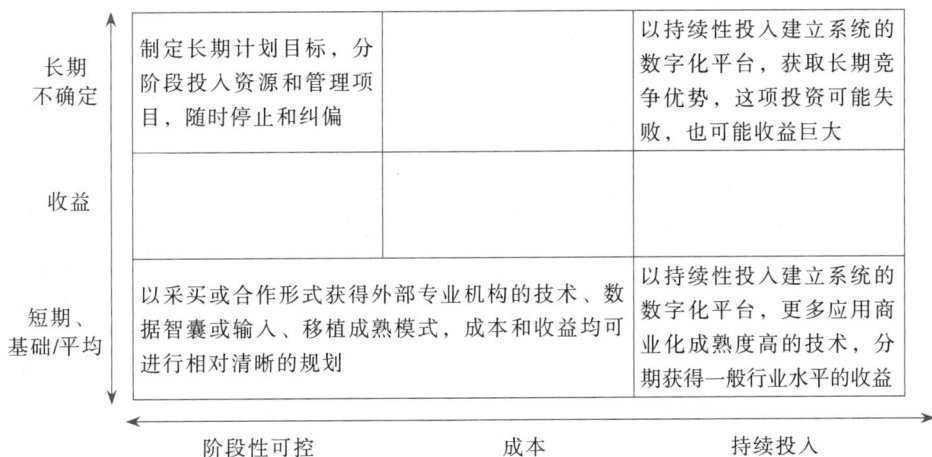

长期 不确定	制定长期计划目标，分阶段投入资源和管理项目，随时停止和纠偏		以持续性投入建立系统的数字化平台，获取长期竞争优势，这项投资可能失败，也可能收益巨大
收益			
短期、 基础/平均	以采买或合作形式获得外部专业机构的技术、数据智囊或输入、移植成熟模式，成本和收益均可进行相对清晰的规划		以持续性投入建立系统的数字化平台，更多应用商业化成熟度高的技术，分期获得一般行业水平的收益
	阶段性可控	成本	持续投入

图1-5　引入外部专业机构合作

> **小贴士 1-9**
>
> 　　企业与其独自摸索如何实现数字化转型，不如借助市面上成熟的方案，把主要的精力聚焦于降本、增收、提效等企业核心目标上，技术上交给第三方平台，专业的事情交给专业的团队负责。
>
> 　　科技公司构建低成本、高性能、易使用的云原生数据智能服务平台，提出全套数字化业务咨询、方案设计、技术搭建、数字化业务运营的解决方案，通过科技共同体模式逐步建立起以客户为中心的企业数字化体验，面向所有客户实现专属服务与个性化产品及配置一体化，提供科学、稳步、规律的方法论。

三、业务单元内部自建独立的科技部门

　　当业务公司积累了较多数字化转型的经验，或迫于市场竞争需要更为敏捷的变革，便开始组建自己的科技团队。由于金融行业细分赛道内头部专业公司拥有足够的业务场景，也不吝惜资源的投入，组建科技团队的优点是更为专注，对单一业态的理解深刻，以中台模式操作，与业务团队物理距离也更为接近，因此自身的力量甚至会强于大多数集团公司。

　　由于业务单元自建科技团队往往能够更好地做到量入为出，其中领跑者也愿意进行深度技术开发以维持其市场地位，甚至愿意以此对外输出，获取额外收益。同时，业务单元自建科技团队围绕现行业务所做的工作大于创新，围绕单体业务条线所建立的系统鲜少考虑公司数字系统的整体性。若竖井建立过高，则公司建立统一平台、打通数据和流程将愈发困难，如图1-6所示。

长期 不确定	制定长期计划目标，分阶段投入资源和管理项目，随时停止和纠偏		以持续性投入建立系统的数字化平台，获取长期竞争优势，这项投资可能失败，也可能收益巨大
收益	业务单元自行建立的科技部门，往往以现有业务为核心，谋求存量业务的提升或开拓新的市场，其投入相对可控，收益风险较低		
短期、 基础/平均			以持续性投入建立系统的数字化平台，更多应用商业化成熟度高的技术，分期获得一般行业水平的收益
	阶段性可控	成本	持续投入

图1-6　业务单元内部自建独立的科技部门

2017年11月，浦发银行推出业内首个科技金融服务平台，通过"万户工程、产品迭代、平台赋能"，为企业提供定制化、综合化的科技金融服务。2018年，浦发银行提出"打造一流数字生态银行"战略目标。目前，浦发银行已推出首个无界开放银行（API Bank），成立了覆盖人工智能、开源技术、5G应用等多领域的创新实验室，与国内外16家知名科技公司成立科技合作共同体。

四、与科技公司共建

案例透析1-4

银行与互联网巨头的联手

金融机构的立身之本在于风险作价，擅长业务逻辑和流程更新，线上化的场景和流量能力则是互联网公司之所长，而专项数据技术则很难被标准化采购，因而与数据/AI公司、互联网公司协作共建成为新兴趋势。这一趋势在客户网络单薄的中小型金融机构身上也有诸多体现，并有从单点协作向大生态转换的显著倾向。

与一家或几家拥有科技衍生能力的互联网公司进行战略合作，在共建协作中完成有效的磨合。双方应具有相对一致的市场地位，并在动态发展中保持金融领域和科技领域的贡献始终持平，它将成为性价比较高的一种转型模式，如图1-7所示。

五、内部业务岗位与数字化岗位无缝协同

由于受业务惯性、组织文化、历史沿革等条件的限制，虽然内部业务岗位与数字化岗位无缝协同不是企业的第一选择，但从实践来看它是失败概率最低的一种模式。

（一）打破专项业务或专项技术两类部门的壁垒

这种新型的内部合作模式，使数字化不再是孤岛，而是均匀分布在众多业务单元之中，耦合成为数字化业务能力。

1.共同研究工作方案并执行

当业务团队得到一项工作任务，如开拓某一类潜在客户群体时，传统的业务人员和数字化人员工作在一起，汇报给同一个业务主管。

长期 不确定 收益	制定长期计划目标，分阶段投入资源和管理项目，随时停止和纠偏	当金融企业将共建作为一项战略时，意味着资源长期投入以及对未来合作业务的高度期待，利用互补优势可能产生飞跃式的价值	以持续性投入建立系统的数字化平台，获取长期竞争优势，这项投资可能失败，也可能收益巨大
短期、基础/平均	以试点方式进行科技转型投资，更多借鉴行业内已成形案例，若执行得当，则可以预见获取短期的市场平均回报		以持续性投入建立系统的数字化平台，更多应用商业化成熟度高的技术，分期获得一般行业水平的收益
	阶段性可控	成本	持续投入

图1-7 与科技公司共建模式

2.共同面对终端客户

在业务部门内部配置专门的技术岗位和数字化岗位，组成一个团队，技术团队不再后置，这些岗位的作用不是连接或沟通，它们的存在也不是短期项目制的，而是业务团队的额定组成，端到端提升流程质量，解决问题。

（二）成本-收益结构分析

此模式具有三大显著优点，有利于产生中长期收益：一是业务与科技直接链接，良好转化；二是合作机制固化，易于管理；三是组织能力内化，难以被抄袭或挖角。

视野拓展1-9

金融机构数字化建设五种模式的成本-收益结构分析

正因如此，公司内部广泛建立岗位无缝协同的复合式团队，不是简单地搭班子，而是在数字化转型过程中批量磨合出来的最小作战单元，不易复制和模仿，如图1-8所示。

长期 不确定 收益	制定长期计划目标，分阶段投入资源和管理项目，随时停止和纠偏	在特定业务单元或在全公司范围内使用无缝协同模式，是否具有跨团队合作的工作习惯和机制，都会影响切换成本	以持续性投入建立系统的数字化平台，获取长期竞争优势，这项投资可能失败，也可能收益巨大
短期、基础/平均	以试点方式进行科技转型投资，更多借鉴行业内已成型案例，若执行得当，则可以预见获取短期的市场平均回报		以持续性投入建立系统的数字化平台，更多应用商业化成熟度高的技术，分期获得一般行业水平的收益
	阶段性可控	成本	持续投入

图1-8 内部业务岗位与数字化岗位无缝协同

【任务实施】

一、学生分组讨论

（1）将上课班级划分成若干小组（每小组 5~6 人），每个小组派出 2 名学生回答教师的提问：①金融机构推动数字化建设的常见模式（能够正确回答得 40 分，少回答一项扣 10 分）；②分析金融业数字化转型模式（能够分析教师指定案例得 30 分，分析不够准确的酌情扣分）。

（2）教师检查小组任务完成情况（按时并保质完成任务得 30 分，不符合要求的酌情扣分）。

二、教师记录小组成绩

第（　　）次成绩记录表

小组成员		
姓名	学号	组内分工

评价内容	教师评分	评价标准（满分 100 分）	考核等级
掌握金融机构推动数字化建设的常见模式（40 分）		优：≥90 分 良：80~89 分	
能够分析金融业数字化转型模式（30 分）		中：70~79 分	
完成本项目的任务三（30 分）		及格：60~69 分 差：<60 分	

教师点评：　　　　　　　　　　　　　　　　　　　　教师签名：

年　　月　　日

综合训练

一、概念识记

数字化转型 移动互联网 互联网技术 人工智能技术 分布式技术 生物识别技术

二、单选题

1.以下说法中，错误的是（ ）。

A.数字化是信息化的延续

B.数字化是一个全新概念

C.数字化是要在整合信息化的基础上，提升企业对数据的处理能力

D.数字化进一步增加企业的效能

2.数字化转型的关键是（ ）。

A.人   B.技术   C.构架   D.平台

3.关于数字化转型在战术层面的表述，错误的是（ ）。

A.把数字化转型做成系统的升级

B.需要跨部门、跨领域的合作

C.与外部合作伙伴协同工作

D.让客户参与转型

4.拥有搜索引擎、大数据、社交网络和云计算，可以将碎片化信息进行组合，利用大数据技术从中挖掘商机，这说明了数字化营销具有的优势是（ ）。

A.透明度高   B.参与广泛

C.中间成本低   D.信息处理效率高

5.（ ）是通信现代化、计算机化和行为合理化的总称。

A.信息化   B.智能化   C.数据化   D.结构化

6.以下说法中，错误的是（ ）。

A.数字化本身就是信息化的进一步深入

B.信息化是数字化发展的前期阶段

C.信息化是在数字化基础上的延续

D.信息化是数字化整体范畴的一个子集

7.数字化是各种信息转化成计算机和通信网络能够（ ）的过程。

A.识别   B.处理   C.传输   D.转线下

8.以下说法中，错误的是（ ）。

A.数字化更关注数字技术对组织的整个体系的赋能和重塑

B.数字化只是带来一些新的工具、手段变化

C.数字化导致商业环境发生重大变化

D.数字化影响整个商业逻辑发生新的重大变化

9.在数字化世界，通过数字化技术可以实现（　　）。

A.设计和生产　　　　　　　　　　B.沟通和协作

C.文化和技术　　　　　　　　　　D.物联网和人工智能

10.数字化的高级阶段是（　　）。

A.智能化　　　　　B.信息化　　　　　C.物联化　　　　　D.数据化

11.无人驾驶汽车是一种（　　）的事物。

A.智能化　　　　　B.信息化　　　　　C.数字化　　　　　D.物联化

12.从输入的层面来看，如果计算机能够处理目标信息，那么这个阶段就是（　　）。

A.智能化　　　　　B.信息化　　　　　C.数字化　　　　　D.数据化

13.以下说法中，错误的是（　　）。

A.信息化是支撑，也是工具

B.数字化是思维模式，也是业务本身

C.智能化是决策执行，也是业务最佳执行方式

D.数据化是商业模式，也是管理系统

14.以下说法中，错误的是（　　）。

A.信息化是数字化的基础

B.数字化是智能化的基础

C.信息化从人类社会出现时就一直存在

D.数字化与机械化、自动化、电气化冲突

15.以下选项中，不属于企业数字化转型技术的保障作用的是（　　）。

A.企业业务更加敏捷　　　　　　　B.企业信息变得不可靠

C.企业信息变得更加透明　　　　　D.企业业务更高效

E.企业信息容易获得

16.保险行业数字化转型的核心是（　　）。

A.客户的需求　　　　　　　　　　B.借助互联网、大数据等新工具

C.人适应机器　　　　　　　　　　D.降低销售成本

17.以下选项中，不属于银行数字化营销活动的是（　　）。

A.通过多个事件触发器创建的自定义活动

B.上门推销

C.短信营销活动

D.App推送通知活动

18.以下选项中，不属于传统银行产品营销的是（　　）。

A.线下销售　　　　B.网点宣传　　　　C.电话销售　　　　D.新媒体营销

19.传统金融机构成立科技子公司，最大的受益者是（　　）。

A.传统金融机构　　　　　　　　　B.中小型金融机构

C.互联网金融公司　　　　　　　　D.大型金融机构

20.以下选项中,不属于区块链去中心化的优点的是 (   )。

A.减少单点故障　　　　　　　　　B.提高交易速度

C.降低交易成本　　　　　　　　　D.增加透明度

三、多选题

1.数字化转型的保障有 (   )。

A.组织保障　　　　B.人才保障　　　　C.技术保障　　　　D.机制保障

2.数字化转型的核心技术有 (   )。

A.分布式技术　　　　　B.互联网技术　　　　　C.大数据技术

D.人工智能技术　　　　E.生物识别技术

3.数字化转型是对 (   ) 的方方面面进行重新定义。

A.组织活动　　　　B.流程　　　　　C.业务模式　　　　D.员工能力

4.数字化转型是 (   ) 的转型。

A.IT　　　　　　　　　　　　　　B.业务

C.生产力　　　　　　　　　　　　D.企业组织架构和企业文化

5.数字化是 (   )。

A.在线　　　　　　　　B.链接　　　　　　　　C.批处理

D.手工处理　　　　　　E.技术刷新

6.以下说法中,正确的有 (   )。

A.数字化转型的首要目的是创造商业价值

B.数字化转型是单一的某一个方面的转型

C.数字化领导力、转型文化建设是数字化转型成功的驱动因素

D.数字化转型是一个持续的过程

7.数字化转型的基本内容有 (   )。

A.客户体验　　　　B.业务和运营　　　　C.组织和文化　　　　D.商业模式

8.数字化转型是 (   )。

A.技术与商业模式的深度融合

B.商业模式的变革

C.带来效率和收益的提升

D.利用数字复制、链接、模拟、反馈的优势,实现企业转型升级

9.数字化转型的方向有 (   )。

A.统一的管理平台,方便对企业业务整合管理

B.优化现有流程结构,达到降本增效的目的

C.重复性任务自动执行,无须人工参与即可完成

D.高效率、低成本的数据应用,成为自身的最大竞争优势

10.企业数字化的本质是 (   )。

A.连接员工、连接客户　　　　　　　　B.连接物联设备

C.连接之后实时产生数据　　　　　　　D.数据驱动的智能化能力

11.数字化架构包括（　　　）。

A.战略层面的规划、战术层面的方法

B.业务模式的创新优化和业务之间协作的关系

C.技术实现升级变化和技术之间分层逻辑

D.人员认知和思维的转变、组织机构和考核机制的变革

12.数字化转型是（　　　）。

A.即时反馈　　　　　B.实时　　　　　C.自动化　　　　　D.批量处理

13.数字化转型的目的有（　　　）。

A.提升效率　　　　　B.降低成本　　　　C.创新业务　　　　D.技术创新

14.智能化是（　　　）。

A.让机器、设备实现灵敏感知、正确判断以及准确有效地执行功能的过程

B.让机器、设备具有类似人脑的判断和联想能力的过程

C.让机器、设备广泛地与智能设备端相结合，从而提高生产效率的过程

D.数据经过加工和提炼，形成智能化分析应用

15.静脉识别的优势有（　　　）。

A.高度防伪　　　　　B.简洁易用　　　　C.高度准确　　　　D.快速识别

16.人脸识别应用的领域有（　　　）。

A.金融　　　　　　　　B.政府　　　　　　　　C.司法

D.军队和公安　　　　　E.边检

17.现有的生物识别类型有（　　　）。

A.指纹识别　　　　　B.虹膜识别　　　　C.人脸识别　　　　D.静脉识别

18.金融机构数字化转型的模式有（　　　）。

A.设立独立科技子公司　　　　　　　　B.与外部专业机构合作

C.业务单元内部自建独立的科技部门　　D.与科技公司共建

E.内部业务岗位与数字化岗位无缝协同

19.数字经济的概念是（　　　）。

A.以数据资源为关键生产要素

B.以现代信息网络作为重要载体

C.以信息通信技术的有效使用作为效率提升和经济结构优化的重要推动力

D.一系列的经济活动

20.数字转型的挑战有（　　　）。

A.创新不足　　　　　B.数据安全　　　　C.人才不足　　　　D.数据孤岛

四、判断题

1.数据是原始资料。　　　　　　　　　　　　　　　　　　　　（　　　）

2.信息是带有判断的表达，而数据是不能反映事实的记录。（　　　）

3.数据本身没有任何意义和价值，只是一个客观的存在，它可以作为证据发挥作用。（　　　）

4.如果没有数据、数据匮乏或不能转化，信息和知识的产生也就成了无源之水。（　　　）

5.数据本身的价值有限，但对大数据进行深度分析整合，就会意义非凡。（　　　）

6.信息化改善了业务流程，提高了效率，改变了企业的盈利方式。（　　　）

7.信息是数据处理之后的结果。（　　　）

8.数字化转型是技术转型。（　　　）

9.信息具有针对性、时效性。（　　　）

10.自从有人类活动开始，就有信息的产生和交换。（　　　）

11.数字经济时代，数字化转型已经是必然的趋势，但其过程不是一蹴而就的，而是一个持续迭代的，随着社会和科技的发展不断演变、不断进步的过程。（　　　）

12.数字化转型仅仅是IT投入。（　　　）

13.传统金融机构成立科技子公司，最大的受益者是中小型金融机构。（　　　）

14.数字化转型不仅是技术革新，还是企业战略、组织结构、文化等多方面的深刻变革。（　　　）

15.数据化的好处就是依托于质量数据，发现问题、关注问题、系统地解决问题。（　　　）

16.广义的移动互联网是指用户可以使用手机、便携式电脑等移动终端通过协议接入互联网。（　　　）

17.狭义的移动互联网是指用户使用手机终端通过无线通信的方式访问采用无线应用协议（WAP）的网站。移动互联网通过便捷的使用方式，为科技赋能提供了基础。（　　　）

18.数字化转型表明，只有企业在对组织活动、流程、业务模式和员工能力进行系统、彻底的重新定义时，才会成功。（　　　）

19.数字经济以数据作为关键生产要素，以数字技术作为其经济活动的标志。（　　　）

20.数字经济具有数字化、网络化、智能化、知识化、全球化的特征。（　　　）

五．简答题

1.数字化管理系统的搭建需要考虑哪些因素？

2.小米初期零预算做广告，在做法上有以下三点：

（1）极致单品：从MIUI到小米手机再到全系列产品，每个阶段小米都将单品做到了极致，每一款单品都有让人尖叫的点，通过体验提升档次和格调，通过价格感动用户，让用户产生口碑传播的意愿。（用户思维）

（2）社群迭代：前期先找到种子用户，培养参与感，让种子用户参与到产品的研制过程中，根据社群的反馈进行快速迭代，不断积累产品势能。在粉丝的需求不断被满足和超越的过程中，促成口碑传播。（迭代思维）

（3）口碑传播：有了前两项的基础，通过事件营销、网络渠道，持续与粉丝互动，让用户参与营销。一个忠实用户在小米手机预售阶段会自己抢手机，或让亲戚、朋友帮忙抢手机，无形之中介绍了产品，也扩散了用户。用户购买到产品后由于兴奋和喜悦，也会在朋友圈进行分享和扩散。当然，口碑传播一定要做到自愿传播，利诱下的口碑传播并不是真正的口碑传播，顶多算病毒传播。（数据思维）

分析在小米的迭代思维中，互联网营销思维的意义是什么？

六、实战演练

通过图1-9传统金融思维和图1-10数字化金融思维，分析二者的不同之处。

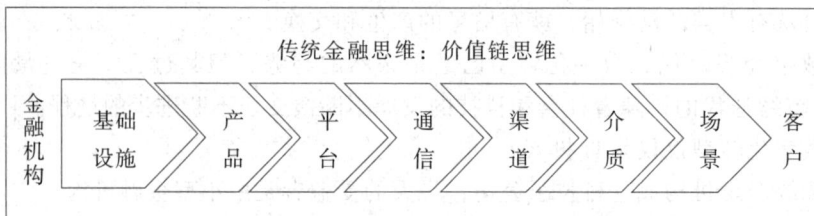

图1-9　传统金融思维

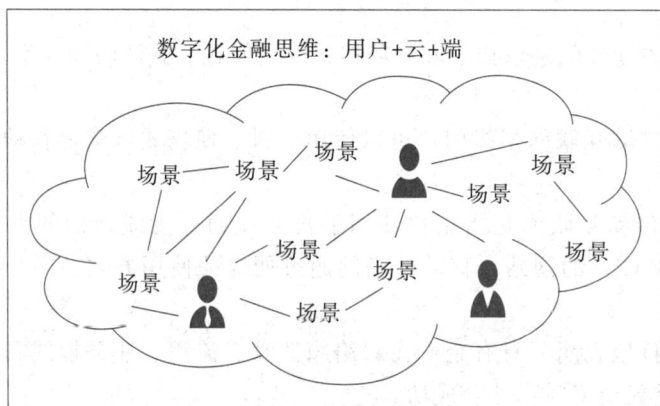

图1-10　数字化金融思维

项目二

数字化营销体系

职业目标

职业知识：
• 了解数字化转型营销体系的内涵，熟悉数字化营销流程。

职业能力：
• 会建立数字化营销体系和数字中台，会组织数字化营销活动。

职业素养：
• 热爱营销事业，勤于思考，吃苦耐劳。

项目导读

营销的本质就是解决"酒香也怕巷子深"的问题，就算产品再好，没有人宣传，不能直击消费者心底，也是会被埋没在市井之中。在追求个性化的社会，除了产品需要有个性外，还要懂得宣传。在流量红利的追逐下，其背后都指向了数字化营销。数字化营销不仅是当前营销领域中快速增长的力量，也将是营销的未来。

在这个数字时代，数字化营销成为金融机构提升市场竞争力的重要手段，也成为金融机构维持增长的必然选择。

任务一　搭建数字化营销体系

任务导入

　　某金融机构提供在线申请贷款业务，当客户有贷款需求时，就会在手机端 App 上查看可贷款额度及相关利息等信息，并在线申请贷款。在线贷款的申请和审批操作流程为：①用户提供身份信息；②提供其他信用的相关信息；③通过在线审核并查看可贷款额度；④确认交易信息并确定打款。

　　在线申请过程中，客户可能会因为某些因素中途放弃申请，或者考虑使用其他同类产品，或者对申请流程有疑问等，而传统的批量计算方式只能在第二天发现这类客户情况，届时再试图进行客户挽回已错过了最佳窗口期，造成潜在客户的流失。

　　任务要求：

　　结合大数据、云平台等核心技术，建立线上贷款系统、外呼客服系统、外呼客服队列，以便根据客户已填信息判断其还款能力和可贷款额度，驱动客服跟进并通过外呼进行沟通，及时进行客户挽回。

学而思，思而学

　　学习成语"防患于未然""防微杜渐""未雨绸缪""亡羊补牢"，这些成语对营销有哪些启发？

　　（提示：在服务中要有系统思维和大局意识，既然服务失败对任何一家企业都是在所难免的，那么服务补救就应该是企业服务顾客过程中的一种常态机制。发生服务失败和顾客抱怨并不可怕，可怕的是企业没有做好应对顾客抱怨的准备，没有采取灵活有效的措施。面对服务失败和顾客抱怨，企业需要认真分析服务失败的原因和顾客抱怨的根源，及时采取有针对性的补救策略。）

【任务准备】

　　完成此任务，你需要掌握以下知识：

　　有人有物的世界就有交易，就需要营销，从本质上来讲，营销分为两个时代：实体时代和比特时代，也可称为工业时代和数字时代。

　　数字化营销，是指借助互联网络、电子通信技术和数字交互式媒体来实现营销目标的一种营销方式。营销的最终目的是占有市场份额。互联网具有的超越时间约束和空间限制进行信息交换的特点，使得脱离时空限制达成交易成为可能，企业有更多的时间和更多的空间进行营销，每周7天、每天24小时随时随地提供全球的营销服务。

　　从字面上理解，体系是指一个组织或系统中的一系列相互关联、相互作用的部分或元素，它们相互协作来实现一个共同目标。其中，各个部分或元素都有其特定的功能和作用，并且相互之间存在联系和依赖关系。

　　数字化营销体系指的是利用数字技术和互联网平台构建的全方位、可度量的营销系统。它基于数字渠道和工具，通过在线传播信息、与用户互动、分析数据和优化结果，实现品牌推广、市场开拓和客户关系管理的目标。数字化营销体系主要包括营销人员、客户和渠道三个方面。

一、营销人员

　　数字化营销的出现对传统营销方式有着颠覆性的冲击，并将成为一种主流的营销方式。数字化营销与传统营销之间有相同点，但也存在明显的差异。传统的营销人才只有清晰地认识到二者之间的不同及其结合点，才能从传统营销人才转换为数字化营销人才。

（一）人才是数字化转型的核心驱动力

　　营销人员不仅要进行营销活动，还要掌握营销相关的专业知识。对于营销人员的管理，就涉及在平台上构建一个专门针对营销人员的管理模块。

1.数字化营销技术研发成本高

　　工欲善其事，必先利其器。对很多企业来说，完全依靠自身能力研发和掌握数字化营销技术，就意味着大量的人力、财力、物力投入。事实上，也没有必要这样做，因为企业营销人员需要的只是一个切实有效的解决方案。

2.数字化营销解决问题需要人来完成

　　数据分析比较简单，因为是自动完成的，机器会告诉你哪里出了问题。比较困难的是采取措施，因为采取措施需要人来做。对于不同类型的企业，从洞察到采取行动的周期也是不一样的，如电子商务型企业发现问题可以立刻更正，而传统企业的反应周期要长得多。例如，有些企业把网站外包给A公司，一旦发现问题就要找A公司解决，但A公司的数据分析又依赖于B公司，纠正问题时就离不开B公司，而B公司有很多客户，不可能即刻解决问题，这样反应周期就变得很长。商业竞争，时间就是财富，每一个企业都要掌握自己的数据和客户，尽量在企业内部解决问题。因此，要想在数字化营销领域取得巨大的发展，必须在人才上下功夫。

小贴士 2-1

步行街上开了一家快餐店，生意非常好，但因为没有具体的指标说明，大家不清楚好到什么程度，所以需要用几个数字量化一下：每天店里的客流量达500人次，预约客户的平均到店率达60%，客单均价20元，日营业额达1万元……这是商户指标的数字化。

如果把每天进饭店消费客人的姓名、年龄、爱好、频率、消费金额也记录下来，这就是客户信息的数字化。

接着再上企业资源计划系统（ERP），每天的收入、支出、成本、费用……都被存储在了系统中。

微信就是数字媒体渠道，如果这些到店消费的客人在店里扫码办理了微信会员卡，店家就可以针对这些人的标签属性进行分析、推广，甚至邀请客户加入店内的社群，从而有针对性地向客户做广告宣推，这种营销模式可被简单地理解为精准的数字化营销。

（二）数字化营销人才的培养

对数字化营销人才的培养，应该从以下方面进行完善：

1.完善的培训机制

针对数字化营销人才的缺乏，唯一的办法就是进行不间断的学习和培训。数字化营销机构首先要进行内部人才的挖掘，经常组织各种网络热门话题的研究和探讨，定期组织会议进行研究。

2.对各种网站不断深入研究

培训机制需要了解门户网站适合做什么、垂直网站适合做什么、社区论坛适合做什么，以及各个网站之间的关联和区别等。

3.理论与实际相结合

理论均来自于实践，培养数字化营销方面的人才，必须在内部对自己策划的案子进行实践，以此验证和修订。

小贴士 2-2

市场从业人员可能包含设计人员、编程人员，甚至包含人工智能的机器人，再比如客户管理可能包含云计算、大数据相关的技术，而且可能包含客户信息获取等相关的技术。可以说，这种数字化的模式是一种高度集成的模式，是利用现有的很多渠道和技术，综合了各种各样的营销知识、营销手段，形成的一个全面、立体、便捷、快速的营销载体。

二、客户

管理大师彼得·德鲁克认为，企业内部没有利润，企业内部只有成本，企业的利润是外部顾客带来的，企业的目的是通过营销与创新创造顾客。也就是说，客户是数字化营销体系的重要方面，客户需要被识别和满足，以便企业能够与客户进行互动和交流。

（一）数字化营销可以为企业提供客户的全方位信息

营销的依据来自对用户信息的了解程度，以便能够对用户的精准程度进行判断，在不同阶段与用户进行合理的对话，提升用户的价值，最大限度地增强客户黏性，减少客户流失。数字化营销在企业的应用主要包括客户画像和精准引流。

1.客户画像分为个人客户画像和企业客户画像

个人客户画像包括人口统计学特征、消费能力数据、兴趣数据、风险偏好等；企业客户画像包括企业的生产、流通、运营、财务、销售和客户数据、相关产业链的上下游数据等。通过客户画像，可以将客户群进行细分，在营销时实现广告推送、产品介绍的精准定向，更大概率引流成功。

2.数字化营销通过大数据采集分析实现专业分流

大数据在识别、分类采集、分发存储等应用方面使用专业数据分流技术，实现系统的精细化数据流管理。例如，可视化分析业务，需要采集、分析不同类别的数据（如基础数据、日志数据、安全数据或特定业务数据等），以此分门别类进行分类调度。

（二）数字化营销能够提高执行力的精准度和效率

1.企业可以更加了解客户

假设企业有100万个用户，你要去收集这些用户的点击行为（如购买时间、购买频次等），然后进行分类标签，显然工作量太大，也根本实现不了。这个时候就需要高效的工具，做到真正的精准营销，数字化营销就是帮助企业实现高效数据分析，从而为市场规划、运营计划、战略方向提供决策依据。

2.增强了数据挖掘能力

大数据分析的应用，不仅可以将无关的数据剔除，减少工作量，提高工作效率，对客户的信息挖掘也更加全面。在第三方人数据支持下，企业可以在互联网使用者中发掘需求。一般在3~5次业务数据循环后，营销的效果会达到最优。比如，某银行在现金贷款营销中，经过5次大数据优化，客户响应率、响应客户的资质合格率均有大幅度提升。

（三）高效的客户价值管理

传统上，分析客户时主要程序用于报告或者事后分析。以季度总结为例，对季度工作进行分析，哪些细分市场表现良好，哪些细分市场表现不佳等，这是事后分析，而且是以批次的方式完成的。而数字化营销时代需要把分析功能内置于其工作流程中。

例如，银行可对高价值信用卡用户的资产管理进行分析，筛选用户每月的消费金额、信用额度、存款情况、贷款有没有拖欠、是不是商务卡持有者等，通过对用户多维度的分析，针对不同用户分群给出不同的营销策略，如哪些用户可以提升额度，哪些用户可以推荐金融产品。在实施营销策略时，可以先通过短信进行营销，再通过呼叫中心来了解客户意图。当客户有意向时，再交由理财经理进一步跟进。

（案例透析2-1）
美国运通公司

小贴士 2-3

以客户激活为例，某行有4亿的存量客户，其中30%以上的客户为静止客户。但银行对哪些静止客户是高净值客户，哪些静止客户是需要加大力度挽留的客户，一直不得而知。如果对所有的静止客户进行激活，则成本相对较高。

三、渠道

渠道是数字化营销体系的另一个重要方面，在传统时代，营销渠道非常狭窄：电视上热门时间段、线下热门商业街、报纸和杂志版面、大型超市等都有数量的局限。因此，营销工作需要通过开旗舰店、铺货进大卖场、在各大电视频道投广告来开展。

但是，微商城、网店、外卖等数字化渠道极大地分散了实体店的作用，如在传统媒体上霸占话语权的明星们，到了数字媒体的海洋也如同一滴水。

由于人们在数字媒体和数字渠道上的精力分散在抖音、微博、公众号、小红书等新媒体上，这就导致营销策略必须相应地改变，通过采用新的数字手段，来满足客户的新需求。

（一）二维码营销

二维码营销是指通过对二维码图案的传播，引导消费者扫描二维码，来推广相关的产品资讯、商家推广活动，刺激消费者做出购买行为的新型营销方式。

二维码营销的核心功能就是将企业的视频、文字、图片、促销活动、链接等植入在一个二维码内，再选择投放到名片、报刊、展会名录、户外、宣传单、公交站牌、网站、地铁墙壁、公交车身等。当企业需要更改内容信息时，只要在系统后台更改即可，无须重新制作投放。方便企业随时调整营销策略，帮助企业以最小的投入获得最大的回报。用户通过手机扫描即可随时随地体验浏览、查询、支付等，达到企业宣传、产品展示、活动促销、客户服务等效果。

（二）App营销

App营销指的是应用程序营销，即通过特制手机、社区、SNS等平台上运行的应用程序来开展营销活动。App就是一个平台、一个容器，具有成本低、持续性、促进销售、跨时空的特点。

App营销的费用相对于电视、报纸甚至网络都要低得多，只要开发一个适合于本品牌的应用就可以了，可能还会有一点的推广费用，但这种模式的营销效果，是电视、报纸和网络所不能代替的。

> **小贴士 2-4**
>
> 一旦用户下载App到自己的手机，或在SNS网站上查看，那么持续性使用将成为必然。有了App的竞争优势，无疑可以增加产品和业务的营销能力。

（三）微信营销

微信营销是一种随着微信的火热而兴起的数字化营销方式。

1.微信营销是一种点对点精准营销

微信拥有庞大的用户群，借助移动终端、天然的社交和位置定位等优势，每个信息都可以推送，每个个体都有机会接收到这个信息。

商家通过广告、企业号、订阅号、服务号和小程序等，提供用户需要的信息，推广自己的产品，从而实现点对点的营销。

用户注册微信后，可订阅自己所需的信息，并在微信平台上实现和特定群体的文字、图片、语音的全方位沟通和互动。

2.应用开发者可以接入第三方应用

通过微信开放平台，应用开发者可以将应用的logo放入微信附件栏，使用户在会话中方便地调用第三方应用进行内容选择与分享。

（四）网络营销

网络营销就是借助网络开展的市场营销活动，主要媒介手段包括网络广告、E-mail营销、即时通信、论坛发布、网页链接、博客空间、桌面屏保、电子杂志（书）和视频播客等。其中，网络营销最常用的模式有搜索引擎营销、邮件营销、会员制营销和病毒式营销。

案例透析2-2

美食短视频

1.搜索引擎营销

搜索引擎营销的实质就是通过搜索引擎工具，向用户传递他所关注对象的营销信息。这一方法操作简单、方便，用户主动创造了被营销的机会。

2.邮件营销

邮件营销是在用户事先许可的前提下，通过电子邮件的方式向目标用户传递价值信息的一种低成本网络营销手段。

3.会员制营销

会员制营销是通过利益关系和电脑程序将无数个网站连接起来，将商家的分销渠道扩展到世界的各个角落，同时为会员网站提供一个简易的赚钱途径。

视野拓展2-1

数字化营销流派

4.病毒式营销

病毒式营销是指发起人将产品的最初信息传递给用户，再依靠用户自发的口碑宣传。其原理跟病毒的传播类似，经济学中称之为病毒式营销。

（五）网络游戏植入营销

网络游戏植入营销是一种潜移默化的信息沟通和传播手段，在网络游戏中植入品牌信息、产品信息，可以接触到大量网民。最佳的方式是体验式、互动式的信息传播，如将产品信息按照游戏情节植入，使消费者在游戏过程中了解产品的性能，还可以将产品信息与游戏故事融合在一起，使其在消费者心里留下深刻印象。

教学互动2-1

问：数字化营销就是微信、微博、Facebook、DSP、DMP、MAP、LBS等各种营销工具的低维组合和叠加吗？

答：绝对不是，没有建成全面性数字或整体性数字客户的，不能称之为数字化营销，只能称之为在建数字化营销或准数字化营销。

【任务实施】

一、学生分组讨论

（1）将上课班级划分成若干小组（每小组5~6人），每个小组派出2名学生回答教师的提问：①数字化营销和数字化营销体系的含义（能够正确回答得40分，回答错误的酌情扣10~40分）；②数字化营销体系包含的内容（能够正确回答得30分，少回答一项扣10分）。

（2）教师检查小组任务完成情况（按时并保质完成任务得30分，不符合要求的酌情扣分）。

二、教师记录小组成绩

第（　　）次成绩记录表

小组成员		
姓名	学号	组内分工

续表

姓名	学号	组内分工

评价内容	教师评分	评价标准（满分100分）	考核等级
掌握数字化营销和数字化营销体系的含义（40分）		优：≥90分 良：80~89分	
掌握数字化营销体系包含的内容（30分）		中：70~79分	
完成本项目的任务一（30分）		及格：60~69分 差：<60分	

教师点评：　　　　　　　　　　　　　　　　　　教师签名：

　　　　　　　　　　　　　　　　　　　　　　　年　　月　　日

任务二　数字化营销流程

任务导入

以下为某金融机构的营销方式：

第一种情况：

银行客户经理小王给贵宾客户张先生打电话。

小王：张先生您好，我们这里有一款×××幼儿保险，特别适合为您的孩子健康成长提供保驾护航，而且孩子越小投保越划算，您看我来给您简单介绍一下？

张先生：你说什么？我儿子今年都高考了，你推荐这个也太不合适了吧？你们是不是销售指标压力太大了，跟谁都推荐这个啊？

视野拓展2-2

完善数字化技术平台和架构建设

第二种情况：

银行客户经理小王给贵宾客户张先生打电话。

小王：张先生您好，我们这里有一款×××幼儿保险，特别适合为您的孩子健康成长提供保驾护航，而且孩子越小投保越划算，您看我来给您简单介绍一下？

张先生：你先等一下，我太太昨天刚生孩子，现在还没出院呢，我连朋友圈都没来得及发，你怎么知道的，你们银行从医院套我数据了吗？

第三种情况：

贵宾客户张先生给银行客户经理小王打电话。

张先生：小王呀，我上午陪我太太去做孕检了，她跟我说记得上一次你给办白金信用卡的时候，有个××××的福利，具体的材料你那还有吗？

小王：有啊，恭喜张先生！那个小册子就在我手上，您一会有空的话可以随时来拿。我们这里还有一款×××幼儿保险的介绍材料，我也给您放在一起吧，您有空也可以翻翻，感兴趣的话我再给您详细介绍。

张先生：行啊，我晚点路过你们网点，你跟我说一下吧。

任务要求：

比较一下不同营销方式的效果差异。

学而思，思而学

跨学科人才的架构思维如何理解？

（提示：跨学科人才的架构思维是一种综合性的思考方式，它不仅整合了多个学科的知识和方法，还超越了这些学科的界限，创造出新的理解和解决方案。这种思维方式的特征有融合性及系统思维、问题导向及社会相关性、方法论整合及适应性和灵活性、深度协作、持续的学习与成长等）

【任务准备】

完成此任务，你需要掌握以下知识：

架构是连接企业的现实世界和计算机世界的一座桥梁。架构的一端是由企业的人、财、物等各类资源、业务流程、业务模式组成的现实世界，另一端是由技术框架、软件系统、功能、数据、网络组成的虚拟世界。

小贴士 2-5

几乎无处不架构，操作系统有架构，应用软件有架构，网络设施有架构，App、小程序也都有各自的架构。以上这些实际上就是从不同角度，对系统或对象的关系和结构进行描述和定义。

　　　　架构可大可小，有不同的层级，如指导不同类之间协作关系的是架构；指导不同模块之间协作关系的是架构；指导不同系统之间协作关系的是架构；指导人与人之间协作关系的也是架构（组织架构）……

　　数字化营销架构的核心包括：充分利用互联网和大数据相关技术和方法，推动营销的全过程置于IT管理体系之内；实现对产品营销的整个过程的IT化执行和统一管控；实现产品营销所有数据的自动采集、分析、评估、优化。

　　在实操中，数字化营销可分为前端营销、中端营销和后端营销，如图2-1所示。

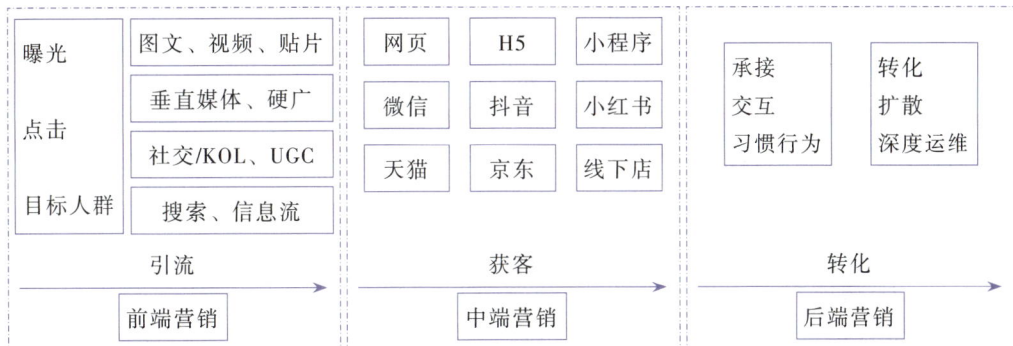

图2-1　数字化营销过程

一、前端吸引客户

　　前端营销，又称营销前链路，从企业的视角来看，业界称之为从0到1的过程。

　　好的开始是成功的一半，就营销前端而言，在多年前几乎是互联网营销的全部。前端营销的目的是引流，即通过一定方法和手段吸引更多消费者来购买自己的产品或服务。例如，直播带货、信息流广告、竞价排名、内容传播等都是前端营销。前端营销是最基础的，也是最难的。

　　引流常见的方法有：

1.SEO引流

　　SEO（Search Engine Optimization），即搜索引擎优化，是指通过改进网站的内容和结构，使之更易于搜索引擎的搜索和识别，从而提高网站在搜索引擎上的排名，以达到获取更多流量的目的。这种方式获取的流量精准度高，且后期维护成本逐年降低，相对来说性价比非常高。

2.付费引流

　　一般来说，付费就是直接投放广告。这种方法见效非常快，只要一投放广告，就会有效果。免费引流的用户需要维护，且需要一定的周期。而在竞争激烈的互联网平台，付费思维的效果会比较快速，更有利于占领市场。

视野拓展2-3

To B、To C

3.内容引流

无论是面向企业（To B）还是面向消费者（To C）的企业，都认识到高质量内容在吸引和保持目标受众方面的重要性。高质量的内容不仅能够帮助企业吸引潜在客户，还能帮助企业更好地理解和捕捉到目标受众的需求和偏好，从而提供更加个性化的服务和产品。比如，做母婴的企业，每天在 App 上分享一些母婴知识、辅食烹饪技巧等，就会引导目标群体进入私域流量池，从而实现价值转化。

小贴士 2-6

输出优质内容永远不会过时。比如，对于垂直领域的一些行业，你可以输送优质内容到一些行业网站，当用户翻阅到有帮助的干货内容时，自然会和你进行联系，而且内容池是自己的，可以越来越大，最后变成阵地，帮助你实现批量获客。

二、中端服务

中端营销的目的是获客。与传统营销相比，数字化营销在中端拓客，即在"3C+STP+7P"的营销框架下进行工作的目的不变，同时将线上与线下、公域与私域、外部与内部统筹规划。

1.线上与线下

对企业来说，将流量引至线下，凸显并回归到企业的真正价值。线上与线下引流渠道，见表2-1。

表2-1　　　　　　　　　　　　　线上与线下引流渠道

渠道维度	代表渠道
线下	门店、售后服务中心、传统渠道、商超渠道、大卖场渠道等
线上	电商平台（如天猫、京东、拼多多）、官网、自营 App、微商城等自建平台
线上线下融合	自建线上下单，门店提货/配送送货，包括极速达、当日达、次日达、隔日达等

小贴士 2-7

对企业来说，如果想推广一个新产品，传统推广模式可能会选择举办一场产品发布会，或者线下展览会，企业邀请几千位客户到会，付出了高额的办会成本，但是热闹过后能留下的也只是一大堆电话号码。

事实上，在数字化营销的场景中，会前可以邀请参会者填写一张简单的个人信息调查问卷，以便会后参与幸运用户的抽奖活动。

　　每位参会的客户可以通过扫描二维码直接在线观看视频，会议期间客户能够全程与企业进行互动，包括对每一个产品细节都可直接参与讨论，企业也可以通过客户的活跃度来判断新产品有哪些地方是爆点，有哪些地方可以进行改进。

　　会后企业可以对整场会议效果进行复盘，这时收集到的客户信息就可以发挥作用：进一步刻画更精细的用户画像，做好标签分类，让营销人员进行个性化消息推送。

2.公域与私域

　　公域包括广告投放、KOL管理、异业合作等；私域包括沉睡客户、老带新、KOC管理等。

案例透析2-3
培训教育

3.外部与内部

　　外部营销是根据线上营销的规律和方法引流，追踪转化，设计好线下对接流程。线下的外部营销就是传统的营销方式，不同的是，一部分用户是由线上营销转化而来的，而且随着数字化产品的增多，线下的内部营销更加丰富。

　　内部营销主要集中在自媒体和会员社群。内外部要统筹管理，以达到传播的统一性和有效性。由于线上传播更为迅速、精准，通过裂变引流为最佳，因此不管是外部营销还是内部营销，线上传播都将是侧重点。

　　小贴士 2-8

　　　某医院在中端对到访人员进行登记接待，对进入病友群/交流群进行指引、病种分流，等待期间会给予一些贴心帮助和讲解，面对咨询时注重回复的专业性和及时性。

　　　同时，医院对服务流程进行相关培训，调整宣传手册样式使其便于阅读，定期举办知识科普讲座等。

三、后端营销

　　由于大量的广告营销费用在前端被消耗，因此对前端的资源争夺越来越激烈。随着对数字化营销的认识、数字化营销新技术的不断涌现，以及营销前端的效率和效果的不断下滑，后端营销被重视起来。后端营销的目的是转化。企业通过对用户流量的分析，得到用户习惯和行为结论，从而对用户进行持续转化和深度运营，以达到忠诚度的延续和扩展。例如，在后端分析到访的客户行为，将其画像数字化，如标签、分群等，根据用户的不同特点推送不同的营销内容，实现精准化运营，或将老用户盘活，促进拉新、转化，为之后的服务奠定基础。

视野拓展2-5
RFM模型法

四、数字化营销活动

策略只是为了达到预期目标或多个目标的行动计划。而数字化营销策略是通过使用网络营销帮助企业实现总体市场营销目标而采取的一系列行动。数字化营销活动是在策略范围之内构建模块或行动，推动企业朝着实现这个目标的方向前进。例如，企业可能会决定在微博上投放一些效果较好的内容广告，以便通过该渠道获得更多的潜在客户。这个营销活动就是企业策略的一部分，用以产生更多的潜在客户。值得注意的是，即使一个营销活动执行了几年时间，它也不会变成一个策略——它仍然是一个战术，与其他的营销活动一起构成企业的策略。

由于数字化运营成本较高，因此通常是将活动分布在企业数字化运营中，成为数字化运营的一部分。营销策划的创意活动会引来庞大的流量以及由此带来的用户黏性。

数字化营销活动的过程如下：

（一）组建团队

企业对客户的服务设计需要与客户进行深入沟通，根据客户的定位和市场环境，利用自己的互联网和计算机技术进行整合分析，进一步给出满足客户需求的营销策划方案，并由团队的工作人员予以执行。

1.参与数字化营销策略的团队应具备的知识体系

任何事情若想做好都离不开一个好的团队，参与数字化营销策略的团队应该具备以下知识体系：

（1）营销学知识。数字化营销策略不是无中生有，应该从传统的营销渠道中借鉴而来。

（2）信息化技术。数字化营销成功的基础就是技术的支持。团队中的 IT 部门决定了整个营销方案的走向。

（3）法律知识。要保护好营销过程中的品牌，务必咨询法律团队或外部法律顾问，以确保品牌没有后顾之忧。

（4）设计支持。无论品牌采用哪种数字化营销策略，都需要设计的支持。设计师或设计团队不仅可以帮助企业开发必要的系统来支持数字化营销策略，还可以引领设计决策，并确保一切都落在品牌上。

2.团队之间的协作

有了好的团队，团队之间的协作也是重要的关键。尤其是设计部门，更需要与其他部门进行对接、沟通。如果程序可以将所有的素材共享，并可以在线交流、审批，那么设计就会高效很多。例如，设计师可以构建品牌工具箱，实现品牌元素、设计元素的共享，还可以在线协作办公，进行在线审批。

（二）做调查

在制定数字化营销策略前，品牌需要为自己配备尽可能多的信息，这就是调查的内容，包括调查竞争对手和客户。

1. 调查竞争对手

数字化营销活动中，调查竞争对手是为了全面了解竞争对手的情况，为企业的战略决策提供有价值的参考和依据。通过调查竞争对手，企业可以识别出直接和间接的竞争对手，了解他们的产品特征、市场定位、价格策略、营销手段、渠道模式、客户群体、品牌形象、财务状况、技术能力、创新能力、人力资源等信息。这些信息对企业制定和调整产品策略、价格策略、促销策略等至关重要。

2. 调查客户

谁是品牌的客户？他们使用什么数字媒体？他们在数字空间中如何与品牌互动？从一开始就了解客户，将有助于制定针对受众的数字化营销策略。

视野拓展2-6

营销内容如何匹配数字化营销战略目标

（三）选择渠道

品牌可以将许多不同的渠道纳入数字化营销策略。但是，如果想获得成功，则需要弄清楚哪些渠道最能吸引受众群体，然后再专注于这些渠道。

例如，针对千禧一代的生活方式，将数字化营销策略的重点放在社交媒体上会更有成效，而一家追求B2B客户的建筑品牌，将数字化营销策略的重点放在社交媒体上就没那么有效果了。

（四）概述策略并测试

1. 品牌的数字化营销策略

（1）设定目标和预算。为了使数字化营销策略成功，要知道目标是什么、如何衡量这些目标，以及明确定义为实现这些目标的预算。

（2）设置分析。设置分析就是提供无所不包的洞察力，决定要将精力放在什么位置上。

（3）定义广告系列和渠道。例如，数字化营销策略最重要的部分是什么？数字化营销策略实际上是什么？品牌正在关注哪些渠道？品牌正在这些渠道上进行哪些广告系列？品牌需要为这些广告系列开发什么创意？品牌达到KPI的时间表是什么？

（4）开发广告素材。知道要推出的渠道和广告系列之后，就该为这些渠道和广告系列开发广告素材了，包括广告文案、logo、模板等一系列物品。这一切都是为了数字化营销活动的全面开展。

2. 实施和评估

有了相应的渠道和方案，紧接着要去生产和优化营销素材，准备营销所需的产品或服务等，之后不断进行调整和完善，以达到最优的效果。

进行为期几轮的测试并调整后，根据市场策划执行在线推广活动，整理和收集推广反馈的数据，提出营销活动的改进意见和需求，这个流程是一个不断循环的过程。

【任务实施】

一、学生分组讨论

（1）将上课班级划分成若干小组（每小组5~6人），每个小组派出2名学生回答教师的提问：①数字化营销活动的过程（能够正确回答得40分，回答错误的酌情扣10~40分）；②前端营销、中端营销、后端营销的含义（能够正确回答得30分，少回答一项扣10分）。

（2）教师检查小组任务完成情况（按时并保质完成任务得30分，不符合要求的酌情扣分）。

二、教师记录小组成绩

第（　　）次成绩记录表

小组成员		
姓名	学号	组内分工

评价内容	教师评分	评价标准（满分100分）	考核等级
掌握数字化营销活动的过程（40分）		优：≥90分 良：80~89分 中：70~79分 及格：60~69分 差：<60分	
掌握前端营销、中端营销、后端营销的含义（30分）			
完成本项目的任务二（30分）			

教师点评：　　　　　　　　　　　　　　　　教师签名：

　　　　　　　　　　　　　　　　　　　　　　　年　　月　　日

任务三　金融业数字化中台建设

任务导入

银行以价值链关系来区分前台、后台。面向客户需求，前台部门直接创造价值，是银行与最终客户的交点；后台部门间接创造价值，是实施银行管控决策的支点。这种前后台关系实现了企业对价值创造的有效协作。但与此同时，传统的前后台服务目标不一致，脱节与失配问题逐步显现出来。

任务要求：

请搭建一种前台轻量、中台共享、后台支撑的 IT 架构体系，从而突出平台化共享思维，强化服务复用能力，提升业务响应效率。

学而思，思而学

如何理解"苟日新，日日新，又日新"？

（提示：创新是一个民族进步的灵魂，是一个国家兴旺发达的不竭源泉，也是中华民族最深沉的民族禀赋。）

【任务准备】

完成此任务，你需要掌握以下知识：

通过前面的学习我们知道，中台就是公共服务平台，与前台、后台相对应，中台是一种抽象的概括，是在系统中被共用的中间件的集合。它存在的目的就是更好地服务前台，带来共享和便捷性。

业务中台、数据中台、AI中台、组织中台、技术中台等都是由中台衍生而来的，它们分别与业务、数据、人工智能交融在一起，被赋予新的特色与生命力。

金融企业数字化中台分为业务中台、数据中台和技术中台，前两者提供可重用的流程与数据，后者是软件生产需要的架构、技术组件与生产过程。

一、金融机构业务中台

业务中台适用于涉及领域多、需求变化快、业务逻辑复杂的场景。从广义上来说，一切的中台都是业务中台，它们源自业务并服务于业务。狭义上的业务中台是指以在线业务为典型特征的中台（下文所提到的业务中台都是狭义上的）。

> **小贴士 2-9**
>
> 每个人从不同的角度和立场出发，对中台有不同的认识。有的人认为中台是技术中台，应该是微服务、Devops平台及容器云平台的结合；有的人认为中台是一个组织、一个资源组织、一个企业内部的孵化组织。

（一）业务中台划分

金融企业的业务基于价值链分解为渠道需求、产品需求、营销需求，运营需求、风险需求五个方面。业务中台内部可分为产品中台、渠道中台、营销中台和运营中台，如图2-2所示。

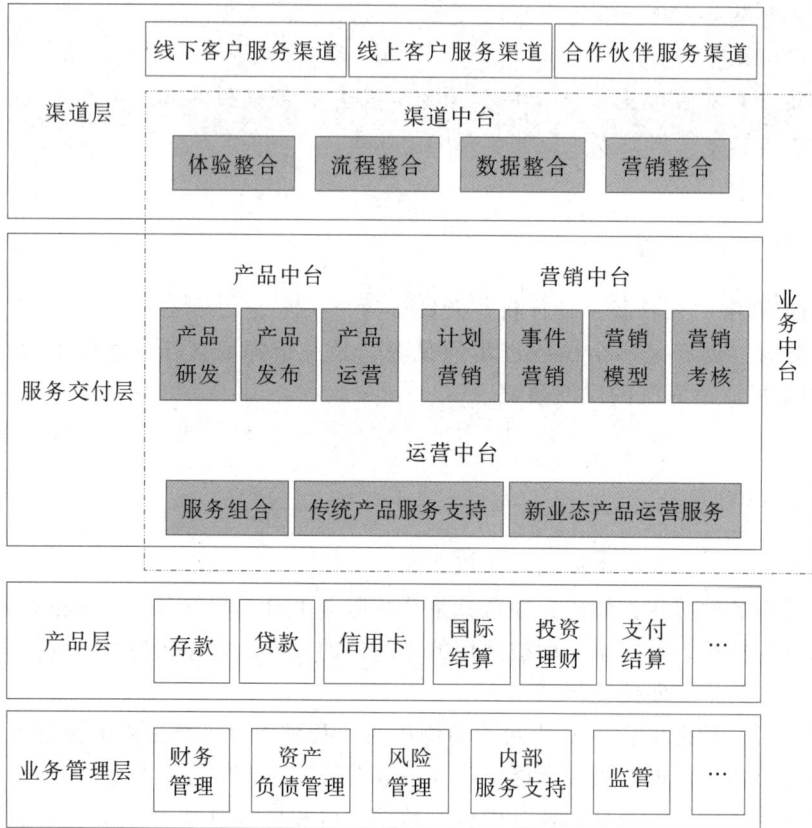

图2-2　金融企业业务中台划分

1.产品中台

产品中台负责金融产品研发全生命周期的流程，关注于创意评估、需求分析、方案设计、产品运营等产品研发流程，产品的定义以及产品上下架管理流程。金融企业可以用业务中台框架实现传统产品工厂，在提供灵活产品定义能力的同时，提高应用的可维护性。

2.渠道中台

渠道中台关注客户交互流程，提高渠道协同能力，提供统一的客户视图和产品视图，分为渠道服务、渠道协同、数据整合三层。

（1）对接运营中台和后台的产品服务，提升各自渠道服务特有的公共服务能力。

为线上渠道提升身份核实、体验、服务组合、门户管理、信息发布能力，如App、网银、公众号、小程序等。

为线下渠道，如柜面、ATM机、自助设备等提升智能设备接入、柜面终端接入、授权、集中监控、网点运营能力。

为合作伙伴渠道提升身份认证、安全管理、接入管理、服务组合与管理能力，保证各个渠道的客户体验一致。

（2）渠道协同是将渠道控制、渠道互动、营销协同、身份认证、内容发布集中进行考虑，保证渠道间流程的打通、营销的一致，不再割裂到不同的渠道。

（3）数据整合为渠道提供完整的数据视图，包括统一的产品视图、客户视图、交易视图，保证数据的统一，为业务提供数据支撑。

3.运营中台

运营中台关注产品运营相关流程、运营能力和运营数据，运营中台包括两个部分：

（1）支持新业态的普惠金融服务。在新业态下，更多的是提供运营支持，如订单管理、支付管理、物流管理等。新业态下的主数据包括用户、商户、商品和账户等。

（2）传统的金融产品服务支持流程。传统的金融服务，更多的是提供电子印章、录入/复核、远程授权、集中验印、凭证中心等支持。

4.营销中台

营销中台关注营销策略、计划及营销执行流程，其目标是建立营销运行框架，支撑营销活动快速推出，帮助金融企业快速发布营销活动和广告；提供事件机制，支持事件推动的实时营销流程；建立数据标签管理体系，实现数据标签通用性与可变性支撑，利用数据标签技术促进精准营销。

（二）业务中台的建设

业务中台将企业的核心能力以数字化形式沉淀到各种服务中心，目的是提高企业能够快速、低成本创新的能力，通过"方法+工具+业务理解"的形式来实现，包括技术和组织两个部分。

1.业务中台技术

（1）提取共有业务系统的集合进行重复利用。从不同的业务领域中抽象和封装同一问题领域的解决方案。

（2）考虑不同业务线的特征和需求。业务中台面向众多的业务系统，减少用户中心、订单中心、售后服务中心等通用系统的重复开发，并通过配置、插件、服务化等机制帮助业务系统实现快速开发，满足业务查询等业务需求。

2.业务中台组织

业务中台通过业务板块之间的链接和协同，持续提升业务创新效率，确保关键业务链路的稳定和高效，并突出组织和业务机制。

天猫、淘宝、支付宝等平台上的一些业务中台就是通用性业务系统（如商品系统、订单系统、评价系统等）的集合。

二、金融机构数据中台

金融机构之间的竞争越来越集中在数据上，数据驱动的数字化可以帮助传统金融机构充分了解用户需求的变化，在营销、产品、业务等方面为传统金融机构提供支持，进一步提高传统金融机构的运营效率。

在银行业，各大银行都在向数据要生产力，沉淀数据、运营数据，使用数据；在保险行业，保险公司正在利用人工智能等技术来简化与优化保险理赔、核保、出险的过程；在资管行业，多家基金、信托、券商都寻求在数据中挖掘新机会，在新一轮的竞争中破局。构建数据中台已成为金融业的普遍共识。

为了解决数据开发和应用开发不同步的问题，需要构建一个统一的数据体系，将其转化为数据开发的能力，实现数据服务的可重用性。

简单来讲，数据中台就是提取各个业务的数据，统一标准和口径，通过数据计算和加工为用户提供数据服务。

数据中台的核心就是构建一个共享数据服务体系。这个体系包含了数据模型存储、数据资产管理、对外提供数据服务、数据更深层次的分析挖掘等方面的内容。

（一）数据中台的功能架构

数据中台的功能构架由大数据平台、数据资产管理平台和数据服务平台三个部分组成。

1.数据中台是"数据+技术+产品+组织"的有机组合

数据中台可以更好地支撑数据进行预测分析、跨领域分析、主动分析、实时分析、结构化分析，数据中台建设为企业数据服务和共享奠定重要的基础，可以加速从数据到价值的过程，打造相应业务能力，如图2-3所示。

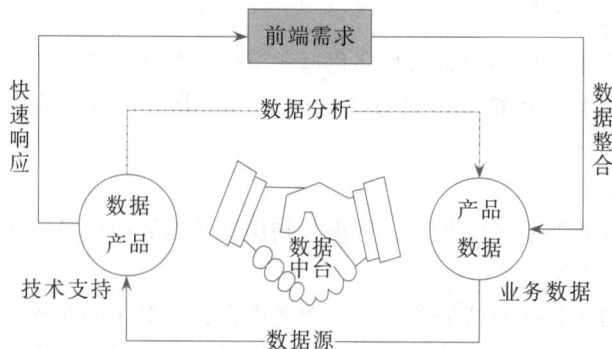

图2-3　数据中台的核心构建

（1）数据中台建设的基础是数据仓库和数据中心。数据中台通过对海量数据进行采集、计算、加工，并在统一标准和口径后封装成一个公共的数据产品或服务，再进行存储，形成大数据资产层，进而为客户提供高效服务。

数据中台对沉淀的数据进行二次加工。数据中台通过数据标准及算法，产生进一步的分析型数据服务，这些数据服务反向又服务于业务，将业务固化，形成业务闭环。

（2）数据中台的核心价值是为数据服务提供业务价值。数据中台将可复用的数据模型转化为乐高积木，使数据服务有效应用于业务开发。不同的业务开发项目组可以随时调用唯一的数据服务，形成标准数据，以保证数据的质量和一致性，加快从数据到价值的转换过程。

（3）数据中台解决数据开发和应用开发不同步的问题。通过构建一个统一的数据体系，将其转化为数据开发的能力，实现数据服务的可重用性。

比如，在产品的需求中，经常有客户要求提供数据接口的服务，客户方团队可以定制修改前台，通过将一些通用的数据建设以接口的形式对外提供，或针对客户需求，通过一个统一的体系对数据建模、加工分析处理，最终提供给客户所需的服务。当下一个客户有类似的需求服务时，企业就不需要重复建模、采集分析了。

2.数据中台是快、准、全、统、通的智能大数据体系

基于金融业务数字化要求，数据中台可以从三个方面支撑传统金融机构的数字化转型：

> **小贴士 2-10**
>
> 天猫、淘宝的用户实时在线的交易信息，存放在业务共享中心的交易中心；而数据中台基于这些用户的历史信息，通过数据分析后的用户画像和标签属性，提供服务给到前端，形成千人千面。这就是我们一直讲的数据驱动、数据闭环、数据价值。

（1）打破数据孤岛。金融机构往往有多个信息部门和数据中心，随着业务的多元化发展，大量的系统、功能和应用被反复构建。数据资源、计算资源和人力资源都存在巨大的浪费。同时，组织障碍导致数据孤岛的出现，使得内外部数据难以统筹规划。

在大数据技术的推动下，数据中台完成了多个数据库数据的采集和整合，形成了完整的跨越式的数据模型，突破了各渠道、各部门之间的数据壁垒，使大网数据充分融合，形成了各类客户专业的画像视图，实现精准营销，辅助决策和运营，最终提高客户运营效率。

（2）快速响应业务需求。数据中台改变了金融行业数据的后台交付模式，形成了"薄前台、厚中台"的模式，将统一规范的数据资产输出到金融机构的业务线，以产品模式输出数据的能力（即通过构建数据产品，将数据转化为具有实际价值和用途的产品形式，以满足特定用户需求或解决特定业务问题），为业务层和决策层提供高效的服务。

（3）降本增效。随着金融机构业务的不断发展和用户需求的不断迭代，大量的业务数据进入前台系统，不仅导致前台系统不断扩展，形成滚雪球的"烟囱式单体应用"，还导致前台系统的"客户响应力"下降，客户满意度下降，因此金融机构的竞争力也随之下降。

（二）数据中台的分层

数据中台的分层，如图2-4所示。

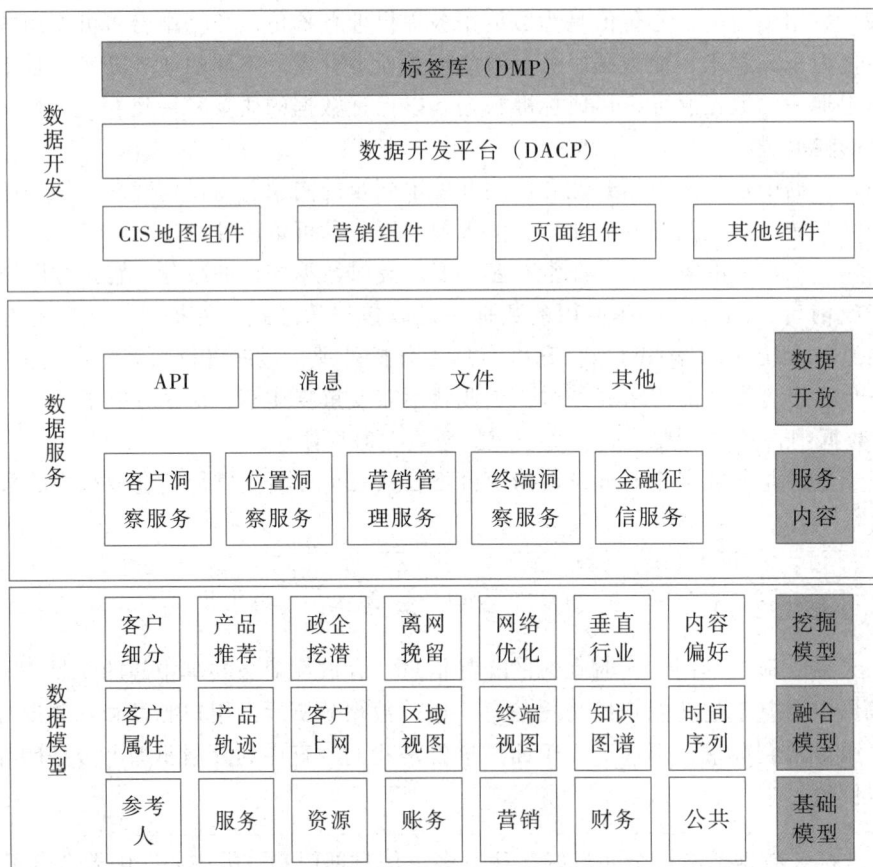

图2-4　数据中台的分层

1.数据开发

数据开发主要是为了满足前端的个性化要求。按照开发难度可将数据开发层分为三个层次，排序由简到难：标签库→数据开发平台→应用环境和组件。

2.数据服务

将数据模型按照应用要求做服务封装，构成数据服务，它和业务中台的服务概念完全相同，只是数据封装比功能封装更难。

3.数据模型

本层可分为基础模型、融合模型和挖掘模型三层。基础模型的作用是实现数据的标准化；融合模型一般是维度建模，主要实现跨越数据的整合；挖掘模型偏向应用。

☑ 教学互动 2-2 ···

问：业务中台和数据中台是什么样的关系？

答：业务中台源源不断地把业务实时在线的交易数据进行统一记录和沉淀，这就是业务数据化。

数据中台与业务中台相辅相成。数据中台与业务中台不是冲突关系。数据中台从业务中台的数据库中获取数据，并进行清洗和分析，得到的结果支撑业务中台的智能化应用，这些智能化应用产生的新数据又流转到数据中台，形成闭环。

数据中台与业务中台的侧重点不同。业务中台侧重于业务系统，其核心是分布式系统和多中心分布式业务计算架构，满足了业务系统所要求的快速查询业务交易。数据中台则侧重于数据服务计算，实现对数据的建模和分析，从而挖掘出有价值的信息，并对业务中台进行数据回刷和业务反哺。因此，二者之间存在互补的关系。

（三）数据中台落地建设的方法

举个例子：厨房有油、盐、酱油、醋、料酒、生抽等多种调料（数据），顾客（业务部门）喜欢吃糖醋排骨、糖醋鱼、糖醋里脊、糖醋猪蹄等（各种业务应用），厨师（IT部门）觉得每天都按照比例调制糖醋汁很麻烦，于是决定将料酒、酱油、白糖、醋、水，按照$1:2:3:4:5$的比例（数据算法）调制好一大桶糖醋汁（数据产品），以后每天倒一点糖醋汁就可以很快做出一盘糖醋××（业务应用）。

这个调制糖醋汁的过程就相当于构建了一个数据中台，糖醋汁就是数据产品。数据产品往往不是直接提供给用户使用的，而是提供给业务使用的（类似于糖醋汁不是用来直接喝的，而是用来做糖醋××的）。另外，为了使调制过程更快、更顺利地完成，可能还需要买一些密封大桶/漏斗/量杯（ETL/BI等数据工具）。

如果每天有几百个人吃糖醋××（需求量变大），就需要调制更多糖醋汁，因此需要买个冰箱存起来（数据仓库），这也解决了随用随挑（实时取用）的效率瓶颈。所以在做数据中台之前，先自问一下：①有没有数据产品的需求？（有没有糖醋汁的需求？）②使用这个数据产品的需求量大不大？（有多少人吃？）③需要这个数据产品的频率高不高？（多久吃一次？）如果以上问题都有合理、满意的答案，就可以开始规划数据中台了。

如今，很多金融机构已经意识到数据中台的战略意义和应用价值。以下是数据中台建设的常用方法：

1.数据资源一体化

（1）对数据机构自有的数据资源进行整合和完善。随着互联网经济的快速发展，金融机构的业务范围越来越广，在业务管理和功能上也存在一些交叉环节。如果这些重复的环节单独开发，就会浪费资源和时间。所以，构建数据中台的第一步就是对业务流程中产生的市场情报、产品销售、用户行为、潜在风险等信息进行统一管理，加以监控、梳理和分析，向金融机构提供多角度和全方位的业务支持、分析与决策，引导金融机构的内部资源向高价值领域倾斜，实现企业价值最大化。

（2）以挖掘新的业务数据需求为重点。中台的数据量不断累积，也让机构数据业务化成为可能。通过融入用户画像、大数据分析和机器学习，金融机构可以根据客户的习惯和喜好提供定制化服务，促进服务的个性化，提升客户的服务体验，实现数据智能化。同时，从中台的海量数据中，金融机构还可能发现新的客户需求和商机，拓展新业务实现数据创新。

2.业务数据资产化

（1）数据资产建设。通过数据中台的建设，连通全域数据，通过统一的数据标准和质量体系，对数据资源进行整合，不断完善数据模型，不断补充数据，逐步形成为业务赋能和实现决策分析能力的数据资产体系，以满足金融业务对数据的需求。

（2）数据标准建设。金融机构需要承担相关法律责任。一方面，金融机构需要向监管机构提交各种各样的信息；另一方面，金融机构需要向公众披露各种各样的信息。这两个方面的数据统计口径需要保持一致，否则就会出现问题。这背后需要进行相应的数据标准制定。

3.数据服务可视化

金融机构数据的局限性将影响数据能力的发挥，跨部门数据协作也是现阶段需要去尝试的事情。数据中台打通全域数据，解决跨部门、跨渠道的数据孤岛问题，将所有的数据形成协同效应，使相关人员能够快速开发数据应用，支持数据资产场景化，响应客户动态需求。

4.数据运营体系构建

数据中台能否成功，对金融机构有很大的影响，这不仅取决于产品的能力和实施者的技术水平，还取决于后期的科学管理和操作。这就需要建立一个专业的运营数据中心团队来管理新增的数据需求、场景需求、权限变更等问题。

通过前面的数据集成、数据资产和数据服务，构建完整的数据中台，并在业务中发挥一定的价值。操作系统和安全系统是数据中台健康、持续运行的基础。如果没有它们，可能在搭建了一个平台、构建了部分数据、尝试了一两个应用场景后，就无法正常运行，无法持续发挥数据应用的价值。

当然，整个数据中心的建设和使用并不是一下子完成的。这是一个运营迭代的过程，为了保证整个数据中台的连续运行和迭代，需要形成一套闭环机制。通过多部门的合作与推广，逐步形成独特的数据文化和认知。

三、金融机构技术中台

传统金融机构在数字化转型的过程中，通常会出现三个问题：如何采集和整合自己的数据？如何建立数据运营团队？如何在短期内快速展现成果，在机构内部建立信心？因此，能够对数据进行标准化处理、能够进一步挖掘数据价值的数据中台，正成为越来越多的传统金融机构数字化转型的最佳入口。对企业来说，能帮助用户找到效率、质量与成本的平衡点，才是一个合格的技术中台。

（一）技术中台是一个工具大仓库

1.可任意使用工具

与业务中台相呼应，技术中台里面放满了各式各样的技术工具，无论是哪个团队、哪个人，都可以快速找到自己的工具，拿来使用。

2.限定业务组只使用这些工具

维护工具的这群人，不用贴近业务开发，每天的任务就是研究如何使用这些工具，如何调优，遇到问题如何调试，形成知识积累。有了这一群专职的人，就可以根据自身的情况，选择几个有限的技术栈集进行研究，以保证选型的一致性。

（二）技术中台是资源整合、能力沉淀的平台体系

技术中台将整个公司的技术能力与业务能力分离，并以产品化方式向前台提供技术赋能，形成强力支撑，如同编程时的适配层，起到承上启下的作用。

1.可以整体建立

技术中台可以帮助金融机构构建各种各样的数据中心，包括业务数据中心和资讯数据中心。

2.可以分阶段建立

在没有数据中台之前，整个金融行业对数据也是非常重视的，有大量的应用在用；建立数据中台之后，不能简单地把老的应用铲掉，全部重新来过，所以需要有一个把大量的下游应用进行平滑迁移的升级方案。

技术中台根据上游的场景分阶段建立，原来的应用可以逐步迁移到新的数据中台的架构上来。

（三）技术中台的业务模式

随着客户数量的增多，成本与效率/质量的矛盾日益凸显，从一拨人维护一套代码，渐渐变成一拨人维护几套代码，这样一来，缺陷增多，效率下降，抱怨也随之变多。在这种情况下，一般金融软件公司会采取以下三种应对措施：

1.项目制

项目制的核心是一对一服务，即多个团队、多套代码、多套标准，服务多家客户，但这种模式成本高，长时间会资不抵债。

2.标准化

标准化的核心是一对多服务，即一个团队、一套代码、一套标准，服务多家客户，但客户会抗拒这种模式，认为用一套标准来引导，不能满足客户个性化的需求。

> 案例透析2-4
>
>
>
> 数据中台在金融业的应用

3.产品化

产品化的核心是一对多服务，即一个团队、一套代码、多套标准，服务多家客户，通过技术与配置化的手段，利用组件模型（面向服务架构），打造自己的产品化平台，但对技术投入的要求较高，尤其是对核心人才的依赖较大，中小型企业一般很难有比较好的用人机制留住人才。

【任务实施】

一、学生分组讨论

（1）将上课班级划分成若干小组（每小组5~6人），每个小组派出2名学生回答教师的提问：①举例说明什么是数据中台（能够正确回答得40分，回答错误的酌情扣10~40分）；②数据中台、业务中台、技术中台的含义（能够正确回答得30分，少回答一项扣10分）。

（2）教师检查小组任务完成情况（按时并保质完成任务得30分，不符合要求的酌情扣分）。

二、教师记录小组成绩

第（　　）次成绩记录表

小组成员		
姓名	学号	组内分工

评价内容	教师评分	评价标准（满分100分）	考核等级
能够举例说明什么是数据中台（40分）		优：≥90分 良：80~89分 中：70~79分 及格：60~69分 差：<60分	
掌握数据中台、业务中台、技术中台的含义（30分）			
完成本项目的任务三（30分）			

教师点评：　　　　　　　　　　　　　　　　　　教师签名：

年　　月　　日

综合训练

一、概念识记

数字化营销体系　数字化营销　App营销　网络营销　病毒式营销　数据中台　业务中台　技术中台

二、单选题

1.市场营销的核心是（　　　）。

A.生产　　　　　　B.分配　　　　　　C.交换　　　　　　D.促销

2.以下选项中，不属于前端营销的是（　　　）。

A.直播带货　　　　　　B.广告投放　　　　　　C.信息流广告

D.竞价排名　　　　　　E.内容传播

3.（　　　）是指企业利用各种信息载体与目标市场进行沟通的传播活动，包括广告人员推销、营业人员推销、营业推广与公共关系等。

A.产品　　　　　　B.定价　　　　　　C.促销　　　　　　D.分销

4.服务是一方向另一方提供的，基本上是（　　　），并且不导致任何所有权的产生。

A.有形产品　　　　　　　　B.无形的任何活动或利益

C.物质产品　　　　　　　　D.实体产品

5.前台的人员通常要做的是（　　　）。

A.为顾客开发票　　　　　　B.和顾客打交道

C.为顾客生产产品　　　　　　D.为顾客提供所有服务

6.以下选项中，不属于前台的是（　　　）。

A.淘宝　　　　　　B.千牛　　　　　　C.BOSS　　　　　　D.计算机维修

7.关于数字化营销的说法，错误的是（　　　）。

A.数字化营销既是技术手段的革命，又是更深层次的观念革命

B.数字化营销具有低成本、高效率、快速反应的特点

C.数字化营销需要根据不同的客户和市场需求制定合理的数字化营销策略

D.数字化营销渠道单一、互动简单

8.关于数字化营销时代的产品，表述错误的是（　　　）。

A.它是一件看不见的产品　　　　　　B.它是一种新观念

C.它是一种新体验　　　　　　　　　D.它是一件摸得着的产品

9.以下选项中，不属于数据中台架构的是（　　　）。

A.背景架构　　　　　　　　B.技术架构

C.数据架构　　　　　　　　D.业务架构

10.以下选项中，不属于新媒体的是（　　　）。

A.户外广告 B.抖音 C.直播 D.微博

11.自古至今，许多经营者奉行"酒好不怕巷子深"的经商之道，这种市场营销管理属于（ ）。

A.推销观念 B.产品观念 C.生产观念 D.市场营销观念

12.市场营销的中心是（ ）。

A.市场 B.顾客需求 C.利润 D.产品

13.下列选项中，属于新媒体的是（ ）。

A.电视 B.手机 C.广播 D.报纸

14.全聚德烤鸭店几乎无人不知，这是指企业的（ ）。

A.知名度高 B.美誉度高 C.职工素质好 D.烤鸭质量好

15.金融营销的主体是（ ）。

A.金融产品 B.金融市场 C.金融机构 D.金融投资者

16."好酒也怕巷子深"，这说明了企业注重（ ）。

A.真诚原则 B.全局原则 C.传播原则 D.服务原则

17.以下选项中，不属于互联网思维的是（ ）。

A.中心化思想 B.开放思维

C.分享思维 D.去中心化思想

18.相比较而言，（ ）的信息传播速度快、受众广、成本低，还不受时间、版面的限制。

A.电视广告 B.交通广告 C.邮寄广告 D.互联网广告

19.金融客户是指（ ）。

A.金融企业的服务对象 B.金融企业与投资机构

C.金融市场的大宗客户 D.金融市场的基本客户

20.关于数据中台的表述，不正确的是（ ）。

A.通过数据服务满足横向跨专业间、纵向不同层级间的数据共享、分析挖掘和融通需求

B.数据中台就是一个平台或一个产品

C.围绕各类数据分析应用需求，沉淀共性数据服务能力

D.提供统一的数据出口，从而有效地保证数据的一致性

三、多选题

1.传统的营销思维有（ ）。

A.产品思维 B.价格思维 C.渠道思维 D.促销思维

2.互联网思维有（ ）。

A.用户思维 B.数据思维

C.产品迭代思维 D.核心思维

3.关于数字化营销的表述，正确的有（ ）。

A.数字化营销是指利用互联网和移动设备等数字化媒介进行产品营销和促销的一种手段

B.数字化营销是一种低成本、高效率、快速反应的营销方式，不需要进行投资和长期规划

C.数字化营销需要结合传统营销方式，以综合的形式提高营销效果

D.数字化营销需要根据不同的客户和市场需求，制定合理的数字化营销策略

4.以下说法中，错误的有（　　　　）。

A.网上银行又称自助银行　　　　　　　　B.网上银行又称虚拟银行

C.网上银行又称独立银行　　　　　　　　D.网上银行又称便捷银行

5.以下选项中，不属于网络银行提供的基础服务有（　　　　）。

A.各类信息　　　　　B.在线交易　　　　　C.新型服务　　　　　D.网上支付系统

6.金融服务产品生命周期的长短不取决于（　　　　）。

A.金融企业的技术水平和管理水平　　　　B.企业对经济效益的分析

C.国民经济的发展和科技的进步　　　　　D.能否满足目标客户的要求

7.数字化营销的优势有（　　　　）。

A.降低成本　　　　　B.快速传播　　　　　C.精准营销　　　　　D.个性化营销

8.数字化营销的特征包括（　　　　）。

A.更加个性化的服务　　　　　　　　　　B.集成化程度更高

C.成本更加低廉　　　　　　　　　　　　D.更加灵活的交易结构

9.以下选项中，属于数字化营销优点的有（　　　　）。

A.节约成本　　　　　　　　　　　　　　B.维护现有客户

C.挖掘客户价值　　　　　　　　　　　　D.开拓新的市场

E.收获新的客户

10.以下选项中，属于商品数字化的有（　　　　）。

A.拍视频商品　　　　　　　　　　　　　B.做宣传画册

C.把商品做成图片　　　　　　　　　　　D.通过视频直播

11.数字化营销可以借助（　　　　）来实现营销目标。

A.互联网　　　　　　　　　　　　　　　B.电子通信技术

C.数字交互式媒体　　　　　　　　　　　D.扫楼

12.数字化营销的方式有（　　　　）。

A.在线合作　　　　　B.网络广告　　　　　C.新媒体　　　　　D.报纸

13.以下选项中，可以成为数字化多媒体传播、社交及交易的渠道有（　　　　）。

A.短信　　　　　　　B.电子邮件　　　　　C.线上商城　　　　　D.小程序

14.下列选项中，属于数据中台优势的有（　　　　）。

A.技术升级、应用便捷　　　　　　　　　B.应用导向，推动全局

C.数据汇聚，承上启下　　　　　　　　　D.海量数据，丰富报表

15.在互联网上可以实现（　　　　）。

A.网上美容　　　　　B.网上购物　　　　　C.网上图书馆　　　　D.网上医院

16.后台就是后勤部队，不直接面向前台业务，主要提供企业后端支撑和管理能力。以下选项中，属于后台的有（　　　）。

A.淘宝　　　　　　　　　　　　　　　B.京东的进货系统

C.亚马逊的商品管理系统　　　　　　　D.沃尔玛的物流系统

17.以下选项中，属于社会化新媒体的有（　　　）。

A.微博　　　　　　　B.微信　　　　　　C.直播　　　　　　D.在线社区

18.数字化营销最终要解决的问题有（　　　）。

A.传统的工作方式　　　　　　　　　　B.营销策略

C.人们固有的思维模式　　　　　　　　D.消费者习惯

19.金融服务的营销特点有（　　　）。

A.金融的特殊性　　　　　　　　　　　B.金融的重要性

C.金融企业的一般性　　　　　　　　　D.不可分离性

20.影响金融产品销售的主要因素有（　　　）。

A.消费者收入水平　　　　　　　　　　B.国民收入

C.人均国民收入　　　　　　　　　　　D.个人可支配收入

四、判断题

1.传统营销是一种交易营销，强调将尽可能多的产品和服务提供给尽可能多的顾客。　　　　　　　　　　　　　　　　　　　　　　　　　　　　　　　（　　　）

2.哪里有尚未满足的需求，哪里就有市场营销机会。　　　　　　　（　　　）

3.前台是专门为顾客（客户）开发的软件应用端。　　　　　　　　（　　　）

4.前台主要面向客户或终端销售者，实现营销推广和交易转换。　（　　　）

5.前台、中台、后台都包括前端和后端。　　　　　　　　　　　　（　　　）

6.市场＝人口＋购买力＋购买欲望。这三个因素是相互制约、缺一不可的，只有三者结合起来，才能构成现实的市场，才能决定市场的规模和容量。　（　　　）

7.购买一项服务，如理财咨询，服务业者的素质和服务产品本身（如理财产品的回报），几乎同等重要。　　　　　　　　　　　　　　　　　　　　　（　　　）

8.中台主要面向运营人员，完成运营支撑。　　　　　　　　　　　（　　　）

9.企业级能力往往是前台、中台、后台协同作战能力的体现。　　（　　　）

10.移动互联网环境下，以拍摄长视频来讲述产品和品牌故事的方式越来越流行，这是因为长视频更利于分享和传播。　　　　　　　　　　　　　　　　　（　　　）

11.数字化营销系统的建立就是把传统的营销方式完全推翻。　　　（　　　）

12.数字化营销的本质是营销，只不过数字化营销更依赖于数字渠道和大数据进行洞察分析。　　　　　　　　　　　　　　　　　　　　　　　　　　　（　　　）

13.营销体系是制定营销策略并保证营销策略落地的一套方法、过程和制度。
　　　　　　　　　　　　　　　　　　　　　　　　　　　　　　　（　　　）

14.数字化营销体系的搭建，应当始终围绕着业务场景来开展，通过搭建用户前台、业务中台、管理后台来满足营销场景的多样性需求和企业管理的稳定性需求。
（   ）

15.前台是面向用户的，如淘宝、天猫、支付宝，都是给大众客户使用产品OA系统。（   ）

16.数字化营销允许我们根据不同的用户群体定制营销方案，实现精准营销。
（   ）

17.数字化营销是多流量渠道的有效整合。（   ）

18.数字化营销不受地域限制，支持全球性投放，更加多元化、多地域。（   ）

19.数字化营销是渠道变革。（   ）

20.数字化营销人员需要帮助运营经理对所属领域进行市场细分和客户细分，并对数据质量进行评估。（   ）

五、简答题

1.请搭建银行数字化营销系统。

要求：

（1）覆盖长尾客户。

（2）覆盖年轻客户。

答：（此答案不唯一）布局多元化场景，结合智能技术加速和提升变现能力，如图2-5所示。

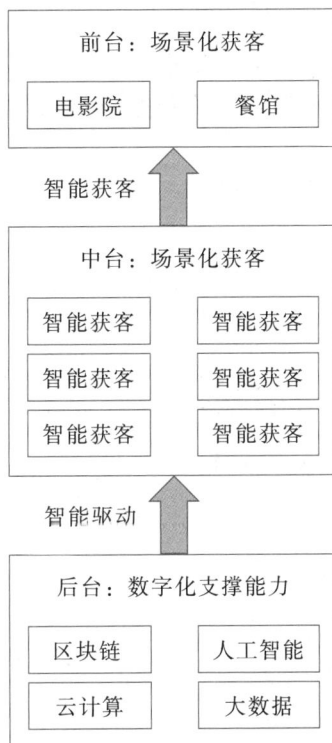

图2-5 银行数字化营销系统

（1）推出"掌上生活"App进行多元化场景布局来吸引年轻客户。"掌上生活"App侧重打通生活、消费、金融，以金融为内核、生活为外延，打造"品质生活"，布局生活场景，如"两票"（电影票和公园年票）、商城、旅游等场景，向着生活类的"超级应用"跨越。

（2）通过让用户便捷地获取大量有价值的内容和服务，来建立良好的交互体验。同时，在传播方式上兼备易于精准投放、易于衡量效果的特性，触达长尾客户。

2.全形资产管理金融集团（HAFG）旗下的华尔街信托公司，是数字信托的一个典型。它的数字化信托账户借助人工智能、区块链等底层数字技术，已经实现了开户方式（包括协议、流程等）的模块化，不再像过去线下那样准备及填写大量资料，开户时间和开户费用明显降低。更重要的是，该平台已经做到用一个终端管理多级账号的投资交易、资产配置和风险控制，以及用一个账号投资市场上的信托、证券、基金、保险等各类金融产品，实现跨市场运作，交易结构灵活。

对境内的家族和高净值客户来说，可以在该公司设立香港信托，规划各类资产，实现财富管理和传承规划；对境内的证券、基金、保险、信托等机构客户来说，可以在该公司为自己的客户设立理财账户，方便客户通过该账户自主投资和管理全球资金及多品类资产，实现全球资产的自由流动，成为全生命周期综合财富管理服务的平台。

华尔街信托公司的数字信托模式给你的启示有哪些？

六、实战演练

为券商设计数字化营销落地方案，要求对组织内的交易处理、营销服务、客户分析、业务分析、业务管理、产品生产等系统进行改造和重构，并解释各系统的作用。

项目三

数字化场景搭建

职业目标

职业知识：
- 了解数字化场景搭建的准备工作。

职业能力：
- 会分析客户场景需求，会构建金融场景。

职业素养：
- 具有文化自信和强烈社会责任感。

项目导读

很多时候，吸引客户的不是产品本身，而是产品所处的场景。金融商业模式的本质是金融机构整合资金、技术、人才、运营、生态等可以掌控或影响的资源，通过可以触达客户的场景、渠道来为最终客户提供产品或服务，以获取某种价值，形成业务闭环。在整个价值关系中，客户是金融商业模式的基础，了解客户并制定策略赢得客户，这样商业模式就成功一半了。

因此，将金融服务融入于各类常见的场景中，以场景为依托向用户提供触手可及的金融服务，而场景该如何搭建、选取哪些场景、平台搭建后如何获客和运营就成为金融业要解决的课题。

任务一　场景化准备

任务导入

1.农民客群是银行战略客户经营的重要组成部分。特别是对中小银行来说，做好农民客群经营具有特殊意义：第一，做好农民客群经营，符合服务实体经济、繁荣县域经济的政策导向；第二，农民客群为银行贡献了相当比重的存量客户与大量稳定负债，这是低成本资金优势的重要来源；第三，随着城镇化、农业供给侧结构性改革与乡村振兴战略加速推进，农民客群的收入及对财富管理的需求在不断增长；第四，部分银行在依赖农贷业务获取收入的同时，对农民客群的交叉销售、综合经营十分薄弱，使其在互联网平台等各类新兴主体涌入农村市场的大背景下，面临自身客户流失的现实挑战。

2."七普"数据显示，中国正在加快步入老龄化社会，老年群体需求对社会经济等各方面的影响日益显著。对银行来说，老年客群的经营价值至少体现在：第一，市场空间广阔。1960年前后出生、处在当时峰值的一代人已步入老年，多年的财富积累、多出的居家时间、尚且健康的身体状态，让其成为有钱、有闲和精力旺盛的社会群体。第二，客群需求稳定。老年人所处的生命周期决定了其资金总量、流动性、投资和消费偏好都相对稳定，银行可以通过经营老年客群，获得更加稳定、更可预期和更低成本的资金。第三，更加契合银行的竞争优势。与年轻客户相比，老年客户对银行具有惯性的认知度、信赖度，这是银行相对于其他机构，在市场竞争中所独有的"隐性牌照"和巨大品牌优势。

任务要求：

搭建老年客户营销场景、搭建农民客户营销场景（任选其一）。

学而思，思而学

有场景就等于有流量吗？接入所有场景就能一劳永逸吗？

（提示：塑造经营管理意识。因为用户场景是经常变化的，所以经营者要将问题或情境置于特定的场景中进行思考和解决，以便更好地满足用户的实际需求。）

【任务准备】

完成此任务，你需要掌握以下知识：

一、场景与场景化

所谓"场景",是指影视剧情中的人物在特定时间与空间内发生的行动,在这里,意思是说商家需要在用户某个特定的生活环节中,借助线上与线下相连接的便捷优势,适时提供给消费者可能需要的以及关联的产品或服务。

场景化是指商家需要深入了解某个群体的消费者在日常生活中,什么时间、在什么地方、想做什么事、有什么需求,然后通过合适的途径,尽可能快捷便利地满足消费者需求。这个途径包括了消费者全部线上线下的生活环节。场景化所提供的产品,应该是消费者在特定环境下所需要的解决方案。日常生活中,人们的需求无时无刻不在增加,也越来越愿意为特定场景的解决方案付费。因此,"场景化"是新销售模式快速变现的重要武器之一。

现实中,我们一直生活在各种场景中,工作学习、休闲度假、吃喝玩乐等,我们的"生活圈"本质上就是"场景圈"。因此,谁能准确找到"场景圈"的入口,掌握消费者生活场景的大数据,并将大数据与消费场景进行结合实现场景化,谁就能在新一轮的竞争中成为领先者。

> **小贴士 3-1**
>
> 一位老人在某搜索引擎上搜索"健康险",B保险公司出现在首位,老人点击进入,浏览了该公司的各种保险品种,并在"老年健康险"的页面停留最久,填写注册了自己的手机号,但在输入身份证号时放弃了。
>
> 与此同时,这位老人的行为已被B保险公司的数据平台监测到,并通过分析为老人打上标签,即所谓的用户分群;再通过分析特殊标签,进行精准推送,如平台会给包括这位老人在内的同一标签用户推送"老年健康险"优惠券。上述过程被看作是数字化营销的一个应用场景。

二、搭建金融场景思路(以银行为例)

从银行的角度来看,金融场景建设的核心思路是以银行系统和基础技术平台为支撑,通过整合金融服务场景的渠道入口,引入外部数据、技术等资源,充分利用人工智能、大数据、云计算、区块链以及互联网和移动技术,根据不同场景的细分领域来构建场景化金融服务,如图3-1所示。

三、搭建金融场景的方法

(一)激活低频场景

金融场景本身属于低频场景,相比社交、电商、支付、外卖、地图,甚至12306等

渠道	第三方 App	掌银	微银行	物联网终端
	网银（企业/个人）	第三方服务端 SDK	第三方网站 H5	微信公众号/订阅号/小程序

互联

接入管控	开放银行接口网关	接入管理	安全控制	认证授权	应用发布	数据采集

互联网

场景金融应用服务

银行金融服务

线上开户	线上融资	支付结算
融资服务	合约管理	资金保付
保理业务	大客支持	凭证管理

场景引入　能力输出

行业场景 B2B/B2C

小额贷款	物业服务
文化旅游	医疗/保险业务
政务业务	电商

专线

第三方合作机构

政府部门	事业单位
金融企业	政府机关
互联网公司	
小微企业	人行征信

银行中台应用（企业级业务服务能力平台支撑）

交易银行	缴费中心	线上支付	贷款平台	…	第三方应用平台

底层技术支撑	人脸识别	大数据	人工智能	移动互联	云计算	区块链	……

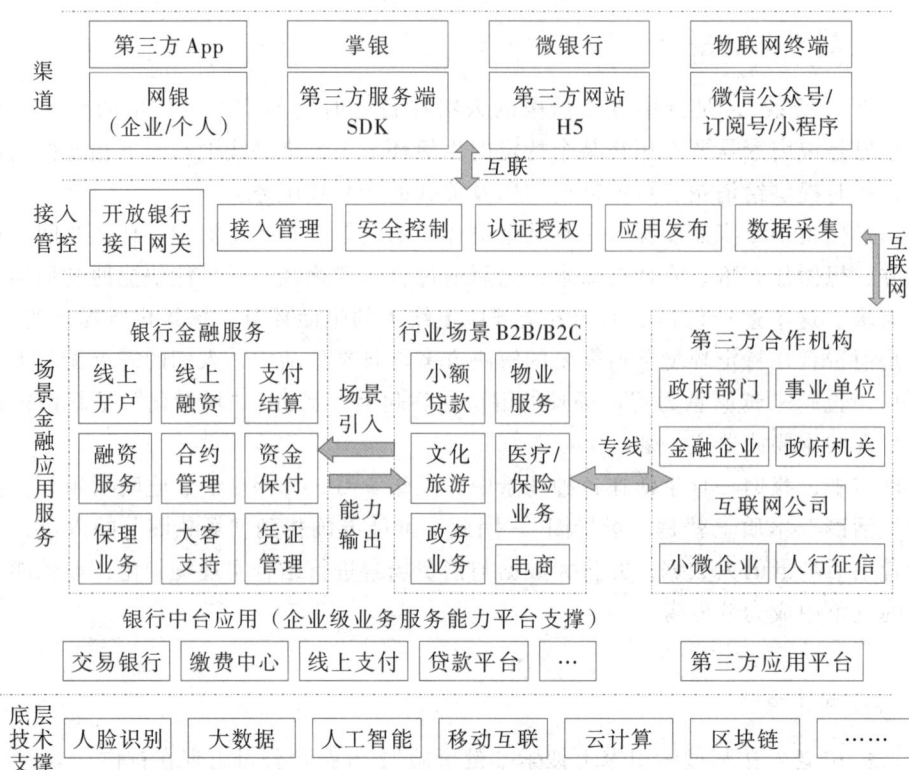

图3-1　金融场景建设示意图

每日或每月的"刚性需求"App，用户黏度和活跃度较低。因此，如何用较低的成本洞察客户人群，并把其特征准确分析出来，在不同渠道上进行传递，是金融机构数字化在客户运营中的核心能力之一。

1.找到精准客户并提升转化效果

通过客户行为分析，来捕捉客户的内容，触达渠道的喜好情况，甚至是地理位置。比如，收到公司的产品推送和服务短信的客户，已下载企业相关App的留存、活跃的客户；正在寻找企业相关产品或服务的客户；已有历史订单记录的客户；愿意向朋友圈推荐企业服务的客户；主动向企业提出改进建议的客户等。

运营人员对客户的属性、行为、订单，或对设备属性的条件进行叠加、组合后，再执行营销策略，就能够对指定的目标客户进行精准化营销。

当然，避免重复打扰已经明确拒绝了你的客户，尽量向对企业内容有兴趣的客户发起互动。所以，企业只有对各个渠道的推广效果和客户转化情况了如指掌，才能策划出有效转化的营销活动触达客户。

2.针对不同渠道采取不同的营销手法

通过数字化营销策略，营销活动可以触达全渠道。同时，通过用户行为的差异变化，来判断在不同渠道上做怎样的营销策略，在产品与用户交互的蜜月期如何激活转化。

首先，向用户推送一个首次办理业务的福利活动，并判断用户是否打开了推送。如果用户没有打开推送，系统会在2天后向用户再推送一次，并再次判断用户有没有打开推送。

其次，当多次触达，用户都没打开时，可以通过短信、微信等渠道去触达。全渠道触达后，如果用户在微信上打开了活动，那么系统就给他打上标签。比如，将此用户界定为对微信推送敏感度高的用户，并将用户归到"微信习惯用户"组。当下次做活动时，首选用"微信渠道"来触达激活这类用户。

视野拓展3-2

搭建金融场景，抓住"三农"客户群体

另外，如果用户对本次活动没有兴趣，则可以把这部分用户打上"流失用户"的标签，并把用户送到另一条"登录促活"的自动化策略中，尝试再次激活。

（二）"借力"高频场景

金融本身是一个相对低频的场景，所以与其花费精力在如何将金融场景变成用户高频使用场景（这很难），不如转变一下思维，突破金融产品的边界——在高频场景中植入金融场景——"借力"高频场景。

比如，外出时手机没电是很常见的事情，那么充电宝就是一个可以"借力"的高频场景。又如，点外卖已成为一种习惯，餐饮店就是一个可以"借力"的高频场景……金融机构也一样，谁能有效合理地利用与之相匹配的高频场景，谁就能够在用户争夺战中占据优势。"借力"高频场景的方法有：

1.场景思维赋能产品或服务

再好的产品也需要经过实际场景的考验，而拓展高频场景，通过场景思维来赋能的产品，可以提升产品的受欢迎程度。

例如，"停车难"问题一直困扰着社会公众，某大型商业银行精准抓住这一痛点，与高德地图进行合作，开放了自己在某一线城市200多家网点的停车场，免费给社会公众使用。当公众要停车的时候就会想到用高德地图找免费停车场，该银行也自然而然地得到曝光，并在锁定"有车一族"之后，推广银行的ETC信用卡。据悉，此卡一年之内顺利推出15万张。

所以，挖掘高频场景，通过用户熟悉的场景触达，更容易拿下用户、俘获用户。

2.整合生活服务、购物等高频场景

在吃喝玩乐、衣食住行等生活服务领域有很多场景，金融机构要善于整合生活服务、购物等场景，巧妙切入营销。

例如，小李购买手机，商家进行了以下操作，如图3-2所示（实线为借款，虚线为还款）。

（1）免费送手机。实际上是贷款买手机。

（2）每月保底消费，为期2年。实际上是每月还款和借款期限。

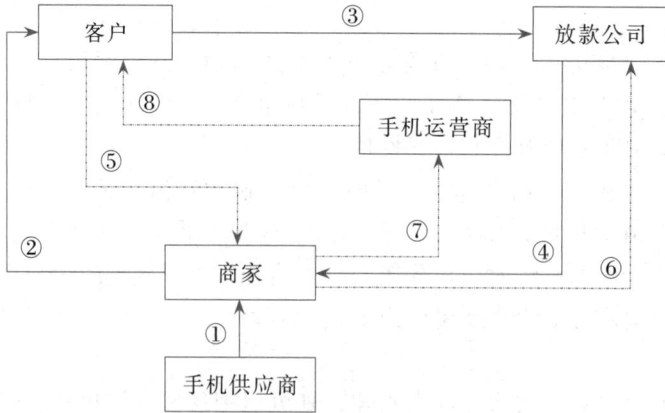

图3-2　暗箱模式

在客户层面，客户接收到的信息就是免费拿了一部手机，每月保底消费50元，持续2年。借款步骤客户完全不知情，客户签订协议时对于协议中的借款约定不认真审读，或者在签订电子协议时只勾选"已阅读"选项。

当然，不是所有的免费送手机都是采用这种模式。有的公司资金实力雄厚，直接赚取手机批零差价和话费批零差价，毕竟有放款公司参与，利润会被摊薄。

例如，①批发手机（600元/台）；②客户免费拿到手机（售价为1 200元/台）；③借款（32×24=768（元），包括利息）；④放款给商户；⑤每月充值，持续2年（50元话费，24×50=1200（元））；⑥代客户还款（32元，包括利息）；⑦充值（10元，这里有话费批零差价）；⑧话费到账（50元）。商家盈利的部分是手机批零差价和话费批零差价。

在小李买手机这个消费场景中，消费者与卖家并没有直接产生现金流，小李仅仅是填写了资料就可以带走手机，而无须向商家支付任何费用（首付款除外）。这种模式下，信贷机构直接将资金支付给借款人的交易对手，受托支付显而易见的好处是增加了套现的成本和锁定了贷款用途。

3.与外部生态合作冲击高频场景

对绝大部分金融机构来说，仅靠自身的力量很难在互联网端做到更精准的营销投放、多种资源整合及场景应用等。所以，与专门的数字化营销机构合作，凭借其大数据技术、AI技术、智能投放等，可以给传统金融机构数字化转型提供很大的支撑，尤其在拓客、活客方面，能够极大地提升用户体验，改进金融产品使用效率。

在挖掘高频场景的过程中，需要注意的是，诸如微信、抖音等头部流量平台费用高、"水分"多，即便在头部平台进行投放，也容易被淹没在各类信息中。所以，金融业有必要自己去挖掘高频场景，而且在这些场景中，用户的注意力必须得到有效释放，才有可能关注到金融产品或服务。

【任务实施】

一、学生分组讨论

（1）将上课班级划分成若干小组（每小组5～6人），每个小组派出2名学生回答教师的提问：①举例说明如何搭建金融场景（能够正确回答得40分，回答错误的酌情扣10～40分）；②搭建金融场景的方法（能够正确回答得30分，少回答一项扣10分）。

（2）教师检查小组任务完成情况（按时并保质完成任务得30分，不符合要求的酌情扣分）。

二、教师记录小组成绩

第（　　）次成绩记录表

小组成员		
姓名	学号	组内分工

评价内容	教师评分	评价标准（满分100分）	考核等级
掌握搭建金融场景的思路（40分）		优：≥90分	
掌握搭建金融场景的方法（30分）		良：80~89分 中：70~79分	
完成本项目的任务一（30分）		及格：60~69分 差：<60分	

教师点评：　　　　　　　　　　　　　　　　　　教师签名：
　　　　　　　　　　　　　　　　　　　　　　　　　年　　月　　日

任务二　场景需求分析

任务导入

　　某高校有在校生 10 000 人，该高校拟启动智慧校园，从简单的学费缴纳、宿舍门禁、食堂刷卡到复杂的选课、图书借阅等，希望能够提供一揽子的数字化智慧服务；学校周边商户林立，随着移动互联网的发展，几乎每一个商户都有一个收款二维码，但微信、支付宝存在支付壁垒。

任务要求：

请构建高校生态场景。

学而思，思而学

　　"泰山不让土壤，故能成其大；河海不择细流，故能就其深。"这句话表达了什么含义？

　　（提示：大礼不辞小让，细节决定成败。很多小事，一个人能做，别人也能做，只是作出来的效果不一样，往往是一些细节上的功夫，决定着完成的质量。）

【任务准备】

　　完成此任务，你需要掌握以下知识：

　　在日常生活中，人们生活在各种各样的场景中，这些场景通过一系列连续或不连续的生活片段组成了个人的生活经历。就商业经营者而言，场景可以理解为消费者在其店铺或其他场所中所处的特定状态，这种状态下消费者可能会有所行动，如购物、就餐或参与其他活动，并可能与商家产生互动。

　　简单地说，场景是指需求产生的某种条件，这个条件包括但不限于环境、时间、地点、空间等，只有条件满足，这个需求才能成立。比如，一个广告屏挂在了大门口，如果挂在其他地方，未必会有这个效果，这就是场景的作用。

　　场景也可以指代生活中的特定情景。这种用法强调的是某个特定时刻或情境下的整体氛围和环境，可能涉及人物的动作、互动以及相关的背景信息。

一、用户需求场景

　　需求是某一产品的开始，一个完整的需求要包括目标用户、场景和遇到的问题，即什么人，在什么情况下，遇到了什么问题。这里的场景，就是用户需求场景，是指这个需求产生的条件。比如，学习英语，这个需求产生的条件包括想出国留学，得考雅思和托福，所以需要学习英语；参加升学考试，考得好才能升学，所以需要学习英语；工作中需要和外国人打交道，不会英语没有办法沟通，所以需要学习英语。

需要特别注意的是，很多人会把碰到问题时的"情景"理解为需求场景。比如，做英语作业的时候找不到老师辅导，人们会把"做英语作业的时候"当作需求场景，这其实是不对的。在这种情况下，学习的终极目的还是升学，如果不需要升学，就不需要考试了，不需要考试，也就不需要做作业了，所以升学是这个需求产生的场景。又如，相亲这个需求，很多人说因工作忙、圈子小才找不到男女朋友，工作忙、圈子小并不是场景，这其实只是一种说辞。其本质是长久以来形成的男大当婚和女大当嫁的文化所产生的催婚压力，工作忙、圈子小只是现状，如果没有这种压力，估计很少有人会去相亲。

从上面的例子我们可以看到，用户需求场景在某种程度上意味着这个需求的本质，只要把场景搞清楚了，这个需求的本质也就搞清楚了。搞清楚用户需求场景，是分析需求时要做的最重要的事情之一，通过多问为什么，不断地去挖掘需求的本质，需求场景自然而然就清楚了。

📖 视野拓展3-3

光大银行与抖音合作

二、用户使用场景

用户使用场景，是指一个应用（通常是产品）被使用的时候，用户"最可能的"所处场景。用户使用场景需要拥有这样的结构：在某一时间（when）、某个地点（where），周围出现了某些事物（object）时，特定类型的用户（who）萌发了某种欲望（desire），会想到通过某种手段（method）来满足欲望。

📖 视野拓展3-4

星巴克的星享卡和忠诚计划

用户使用场景的建立一般分为时间场景、目的场景、空间场景、地点场景，以及基于产品的某种使用状态的场景。

1.时间场景

闹钟就是典型的基于时间场景的一个功能，以李芳芳为例，建立用户日常生活场景：

7：00起床洗漱打扮

7：30吃早饭

8：00步行12分钟到地铁站乘坐8：15的地铁上班

8：50到站，步行5分钟到公司

9：00开始上班

12：00吃午饭半小时，休息半小时

13：00继续上班

17：30下班

18：30做饭、吃饭

19：10逛淘宝、看电视

21：00做瑜珈

22：00洗漱、美容

23：00睡觉

首先，从中选取可以切入的生活场景，如8：15-8：50的乘坐地铁时间，12：30-13：00的休息时间，19：10-21：00的休息时间。然后，给用户一个使用产品的场景，如早上可以根据用户的休息情况提示用户今日的用眼健康注意事项，晚上根据用户今日的用眼情况提示用户眼部保养等。同时，定期发布眼镜的专题活动，来吸引用户进行线上购买，这些都是用户日常使用产品的场景。当然，这些场景只能保证用户打开产品的频率，要想完成整个消费的转化，还需要一些其他工作进行辅助。

2.目的场景

李芳芳最近感觉戴了一年的眼镜已经不够时尚漂亮了，想再购买一副眼镜，由于现有度数可以满足需求，因此不想再花时间去眼镜店验光配镜，只想看看网上有没有合适的眼镜。

但她没有线上购买眼镜的经验，担心买到假货或配错度数。这时她想起上次配镜的商家也有线上平台，而且商家保留了自己的验光数据。于是，她进入商家的线上平台打开了商品列表，这里不仅有近千款的眼镜架供其挑选，还有很多的优惠活动，关键是有线上试戴功能，她完成了一次愉快的线上购镜。

☑ 教学互动 3-1 --

问：举一个不同场景下，消费者会产生完全不同需求的例子。

答：小李明天要去做一场公开演讲或提案，在这个场景下，小李的需求可能是西服、衬衫、领带。小张今天不需要出门，只想在家里读一天书或者看两部电影，在这个场景下，小张的需求可能是可乐、薯片或者外卖。

3.空间场景

从北京到上海、从一个学校转学到另一个学校、从学校到家、从公司到家、从室内到室外等，都属于空间场景。比如，QQ异地登录安全提醒就是基于空间场景设计的功能。

4.地点场景

同一个学校、同一个小区、某个旅游景点等，都属于地点场景。比如，微信中的交友小程序就是基于地点场景设计的功能。

5.基于产品的某种使用状态的场景

比如，智能手环作为一种多功能设备，具有多种使用场景：①健康监测。监测心率、血压、睡眠质量等健康数据。②运动追踪。记录步数、卡路里消耗、运动时间等数据，帮助用户了解自己的运动量和健康状况。③接听电话。在比较拥挤的场所，用户不需要从兜里掏出手机就能接听电话。④睡眠监测。追踪用户的睡眠模式和质量，提供睡眠分析建议和闹钟提醒功能，帮助用户改善睡眠习惯等。

以上只是一些常见的用户使用场景，在实际工作和生活中，用户使用场景与产品功能是密切相关的。某个功能能否被采用，在一定程度上取决于有没有对应的用户使用场景。用户使用场景和用户需求场景一样，其本身就是客观存在的，在设计产品时，需要根据用户的行为、习惯等来进行分析挖掘。

三、产品业务场景

产品业务场景是指能让业务顺畅地跑起来完成闭环需要的条件，一般是针对业务来说的。从业务流程的完整性上来看，产品业务场景在企业间进行商务合作时使用得比较多。比如，很多产品要变现，需要支付工具的支持，如打车、网上购物后都需要支付，这些场景对"支付"这个工具来说，就是支付产品的业务场景。

与用户需求场景和用户使用场景不同，产品业务场景是可以人为主动构建的。比如，支付宝、微信为了拓展自己的线下支付场景，分别投资了滴滴打车和共享单车，花巨资打价格战，因为这两个产品都需要支付工具支持，而且覆盖面大、使用频率高，是支付产品很好的业务场景。

在设计产品时，因为人力、物力、财力和市场成熟度等因素的影响，并不是每一个场景都需要照顾到，在策略上一般都是先满足大场景的需求，再逐步覆盖小场景。所谓大场景，是指覆盖人数较多或出现频次较高的场景；反之，则是小场景。

四、场景的使用原则

1.场景是判断需求是否存在的重要依据

不论是用户需求场景、用户使用场景，还是产品业务场景，场景并不是唯一的。场景越多，意味着覆盖的人群越广，需求也就越强烈。如果找不到对应的场景，则意味着这个需求可能是伪需求。

2.场景并不是一成不变的

随着新技术的兴起、用户使用习惯的变化，场景也会随之变化。比如，以前在电脑上玩游戏，由于电脑移动不便，因此玩游戏的场景主要是网吧和家里；而现在在手机上玩游戏，只要能连接网络，随时随地都能玩，场景扩大了很多。所以，在设计产品时要随时关注用户使用场景的变化，否则产品就有可能被淘汰。

一款产品只有在用户需求场景、用户使用场景、产品业务场景中精准定位，才有可能发展得好。有些存在需求的产品，为什么没有发展起来，排除资源、市场、团队等因素后，从产品设计的层面来看，很大的原因可能是场景没有找对，所以多花一些时间在场景的挖掘和构建上是非常必要的。

【任务实施】

一、学生分组讨论

（1）将上课班级划分成若干小组（每小组5～6人），每个小组派出2名学生回答教师的提问：①举例说明如何搭建用户需求场景、用户使用场景、产品业务场景（能够正确回答得60分，回答错误的酌情扣10～60分）；②场景的使用原则（能够正确回答得10分，少回答一项扣5分）。

（2）教师检查小组任务完成情况（按时并保质完成任务得30分，不符合要求的酌情扣分）。

二、教师记录小组成绩

第（　　）次成绩记录表

小组成员		
姓名	学号	组内分工

评价内容	教师评分	评价标准（满分100分）	考核等级
掌握搭建用户需求场景、用户使用场景、产品业务场景的思路（60分）		优：≥90分 良：80~89分 中：70~79分 及格：60~69分 差：<60分	
掌握场景的使用原则（10分）			
完成本项目的任务二（30分）			

教师点评：　　　　　　　　　　　　　　　　　　　　　　　　教师签名：

年　　月　　日

任务三　搭建金融场景

任务导入

　　客户搬家往往伴随着工作的变动，这意味他们的经济情况、银行账户都可能发生相应的改变。因此，客户经理要做的就是围绕客户的特定生活场景，来构建自身的业务系统和客户管理系统，或制定营销目标，或理解客户当下的需求，或开展营销……简单地说，就是参与构建客户生活场景，将客户的人口统计数据融入其中。

　　任务要求：

　　请搭建相应的客户生活场景。

学而思，思而学

　　无现金社会给我们带来了哪些思考？

　　（提示：数字支付崛起，从支付方式的革新到线下消费习惯的变化、消费观念的转变，再到对支付安全问题的关注。我们在享受数字支付带来便利的同时，也应当保持理性思考，正确引导消费观念，共同构建安全、便捷的数字支付环境。）

【任务准备】

　　完成此任务，你需要掌握以下知识：

　　金融业生态场景建设是利用数字技术手段，将金融活动嵌入到各种不同的生态场景服务中，构建"互联网+金融+生活+产业场景"生态圈，从而促使支付、交易或者服务高效完成，在生态场景的自然交互过程中满足客户的金融需求，通过连接客户生活、生产场景中产生的金融需求，来提供端到端的服务。金融场景的优势在于可以提高金融服务的效率和便利性，可以提高金融服务的安全性和可靠性。通过场景化的方式，金融机构可以更好地了解客户的需求和行为，从而提供更加个性化的服务。本任务以商业银行为例来完成金融场景的构建与运营落地。

一、金融场景搭建流程

　　在金融业生态场景建设下，生态场景将服务的物理空间从以银行为中心转向以生态场景为中心。其流程如下：

1.启动计划

搭建场景前需要做好充分的准备工作，对企业已有的业务和IT资产初步梳理。这个梳理的核心是粗粒度的业务单元和业务能力，而不是传统企业架构和信息化规划中的全面业务和IT调研。通过梳理，明确企业当前所具备的能力以及企业数字化转型的战略愿景，如搭建数字化转型基础框架、消费和产业互联、学习国家"十四五"规划、工业互联和智能制造，以及完成数字化转型企业的最佳实践和案例探索等。

2.确定目标受众和场景

（1）在打造场景营销前，需要确定目标受众的需求和兴趣，从而确定合适的场景和营销策略。例如，针对年轻人的场景营销，可以选择校园、QQ音乐等场景，提供时尚、个性化和互动性的体验。

（2）场景营销需要通过创造有价值的场景，吸引目标受众的关注和参与，提高用户的参与度和体验。例如，可以通过提供特别的活动、礼品、折扣等方式，创造有趣、新鲜或独特的场景，吸引用户的注意力，促使用户积极参与。

3.场景分析

简单来说，场景分析就是从场景和流程驱动逐步分解、从业务到技术的一个过程，其核心是搞清楚当前能力和目标场景实现的差距。而差距分析不是完全抛弃已有的业务和IT能力，而是基于场景驱动的思路来分析当前的业务和IT能力的成熟度或满足度。例如，分析清楚经过什么样的业务流程、哪些关键业务活动或操作能够实现这个场景；在第一步的基础上来思考分解哪些是已有的业务能够支撑的，哪些是需要补充的；对于支撑的业务，哪些是IT和技术层面已经支撑的，哪些是欠缺的需要补充的。

4.业务建模

业务建模就是一种"目标导向"的流程分析方式，主要是将与业务流程相关的重要人、事、物以及这个业务流程所要实现的目标做一个"链接"，描述了企业中重要的人、事、物与流程的关系，这个链接中通常不会过多地介绍业务流程的内部细节。在业务建模阶段，重点是搞清整个业务场景实现与外部的关系。

5.技术建模

技术建模示意图，如图3-3所示。

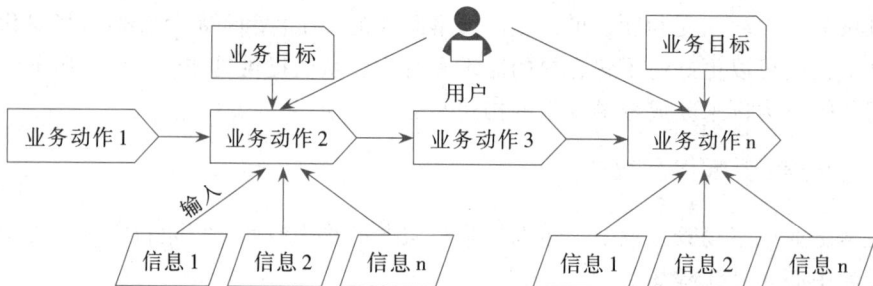

图3-3　技术建模示意图

技术建模是应用实现的业务功能设计，主要包括两点内容：

（1）应用本身涉及的私有数据库、数据对象和模型的设计。

（2）应用本身需要复用的底层业务平台和技术平台接口设计。这些接口可能是已经存在和发布的可复用API接口，也可能是本次新场景实现所需要进一步让后端业务系统新开发的API接口。简单来说，就是要搞清楚新的应用构建到底要实现哪些功能，需要委托后端的业务平台实现哪些功能。

当然，在应用实现过程中还涉及底层共性技术支撑，即应用构建需要使用底层技术平台共性能力来构建，如当前主流谈到的云原生技术平台。

二、金融场景建设实施

小贴士 3-2

商业银行通过梳理生态圈及圈内客户的产品和服务需求，以及银行和第三方可能提供的产品与服务。围绕"产品→平台→渠道→场景化应用→客户"的生态链，支付结算、投资理财、信贷融资等各类金融产品及服务作为"产品工厂"，以网络金融平台作为展示和交易中心，以线上渠道为主，以线上线下协同的渠道服务为纽带，将银行服务融入客户的场景化应用中，为全量客户提供全方位服务。

（一）围绕个人需求，构建C端智慧生活场景

C端指的是直接面向消费者的市场，即普通消费者购买和使用产品或服务的领域。

日常生活中的消费金融场景，如置业、出行、商圈、旅游、餐饮、房产等场景，都可以归类为零售类场景、智能生活场景、社交场景。一个好的面对C端的银行场景应用，应该做到用户能够自然地游弋在三个场景中，并为消费者提供各种金融服务（如储蓄、信贷、资产配置等）来满足消费者的需求。

小贴士 3-3

教育、医疗、旅游、养老、娱乐等各种生活场景中隐藏着巨大的金融服务潜力。一杯咖啡、一部电影，甚至一张车票，都可以成为金融服务的入口。场景营销将产品或服务与用户的实际场景相匹配，激发他们的兴趣，并促使他们主动参与和购买。

（二）顺应工业革命，构建B端产业链场景

B端指的是"商业端"，也称企业市场。B端客户主要是企事业单位，包括大型企业、中小企业、政府购买服务的组织等。

产业链金融是指依托产业链的核心企业，针对产业链的各个环节，设计个性化或标准化的金融服务产品，为整个产业链上的核心企业和上下游的配套企业提供综合解

决方案的一种服务模式。

产业链金融场景包括产业链开户、产业链收付、产业链票据、产业链融资等场景，银行应用支持平台与电商、物流等第三方平台类企业系统互联，将银行端、平台端和平台商户端有效"链接"，帮助目标客户实现集商品展示、订单管理、多渠道支付、资金拨付等全方位应用服务为一体的新型模式。

产业链金融场景的构建，将银行端、核心企业端和供应链上下游客户端有效"链接"，可以帮助集团公司及成员单位实现产业开户、收付、票据预托管、托管、贴现、质押、池融资、到期托收等一系列功能。

☑ 教学互动 3-2

问：营销人员与某石油化工企业业务往来频繁，如何开拓客户？营销人员与某发电企业业务往来频繁，如何开拓客户？

答：营销人员可以通过该石油化工企业的介绍，向上游油料供应企业、开采企业、勘探企业和下游销售公司、加油站、化工材料使用企业延伸营销。

营销人员可以通过该发电企业的介绍，向上游煤炭销售企业、煤炭开采企业、煤炭勘探企业、洗煤企业和下游电网公司、城市供电企业延伸营销。

小贴士 3-4

对公业务围绕上下游供应链和垂直产业链，构建金融生态圈。未来的银行场景金融，应该是以数据为根本，以个人金融场景和产业金融场景为两翼的金融生态。

（三）推进数字桥梁，赋能G端政务民生

视野拓展3-5

建行开启场景实践

G端指的是"政府端"，也称政府领域或政府市场。G端的主要客户是政府机构和相关部门，包括各级政府、公共事业部门和政府购买服务的组织。G端客户的需求主要涉及公共事务和公共服务领域，如教育、医疗、交通、环保等。政务民生金融场景涉及与政府相关的事务及与普通百姓相关的日常生活，包括教育、政务、财政、社保等场景。所涉及的场景规划，横向涵盖校园、医疗、政务、财政、社保、保险、公积金、同业等。

小贴士 3-5

政府公开信息主要是行政司法机关掌握的企业和个人在接受行政管理、履行法定义务过程中形成的信息。政府公开信息主要是企业工商注册的信息。公共服务信息最常见的有工会服务信息、社区服务信息和信用信息等。

小贴士 3-6

　　结婚证号可以通过两种网上系统查询：①打开支付宝，查询"国家政务服务平台"，进入小程序，点入"我的证照"，进行人脸识别后，进入"我的证照"页面，就可以看到自己授权的所有证照，包括自己的结婚证。②微信"服务"中，点击"城市服务"，选择"办事大厅"，点击"民政公益"，选择"结婚证电子证照"，再进行以上操作。

教学互动 3-3

　　问：举例说明金融行业是如何搭建场景的。

　　答：金融机构可以通过商城形式，围绕年轻消费群体的多元化需求，引进其喜好品牌，从而实现将金融产品可提供的丰富金融服务覆盖到年轻用户的全方位生活应用场景中，打造"无界"的年轻化金融生态。

　　另外，可开展不同场景用户的专属活动，推出新人礼包、生日特权、分期返现券等活动，将各环节层层串联，提升金融服务体验与实际转化效果。

三、金融场景建设模式（以银行为例）

　　银行进行场景建设主要有自建场景和合作拓展场景两种模式，现阶段银行的场景建设主要以后者为主流。

视野拓展 3-6

银行自建App的
场景生态发展

1.自建场景

　　商业银行通过自建模式可以打造完整交易闭环，为客户提供"产品+金融"的一站式服务。商业银行自建场景可分为三类：

　　（1）服务与支付均在线上进行的场景。这类场景是纯线上的，如微信、微博等社交平台，爱奇艺、芒果TV、抖音、斗鱼等视频网站和直播网站，王者荣耀等在线游戏娱乐产品，用户在线上使用服务并完成支付行为。

　　（2）服务在线下、支付在线上进行的场景。这类场景是线上与线下的相互融合，如在餐饮店、商场使用服务后，线上完成支付。

　　（3）服务和支付均在线下进行的场景。随着移动支付的发展，这类场景正在逐渐减少，如用户使用现金在餐饮店、商场进行消费。

　　以招商银行自建的"掌上生活"App为例，它的"两票"场景——饭票和影票，布局了全国300多个城市的餐饮和影视合作商家，打造"吃饭"和"观影"两大场景。"饭票"专区提供长期商圈优惠、支付立减、周三五折等优惠活动；"影票"专区提供的线上购票、影评资讯等服务，增加了用户黏性。

2.合作拓展场景

自建场景的投入成本相对较高。例如，招商银行早在其信用卡业务发展初期就开展与餐饮、电影商家的合作，积淀至今才有了如此成绩。对于其他银行，尤其是中小银行来说是不可复制的。另外，互联网头部企业的场景建设已经相当完善，此时商业银行的自建场景是难以在竞争中获得优势的。所以，商业银行想要打造完善有效的获客体系，就必须采用场景驱动的方式，与掌握场景的各类互联网平台进行深度联营。也就是说，一方面，要依托衣、食、住、行等生活场景，将金融服务嵌入已有的互联网生态圈中；另一方面，要对接交通、医疗、通信、娱乐等行业，接入生活服务、休闲娱乐、健康保健等互联网应用，实现交叉引流、场景渗透，弥补自身物理网点和App等自有场景的局限性。

合作方式有：

视野拓展3-7
银行的战略合作

（1）联名合作。银行以推出联名银行卡的方式，将合作方的用户流量引入自身平台。

（2）战略合作。双方签署战略合作协议，如与线下商户合作，开放 API 接口将金融服务接入互联网平台，与大流量互联网头部企业合作。

（3）股权合作。银行出资，战略入股，共享利益，共担风险。虽然这种方式对银行资金要求较低、进入门槛较低、整合资源难度较小，但自身对场景的掌控力较弱，对合作方的约束力不够。

自建场景与合作拓展场景的比较，见表3-1。

表3-1　　　　　　　　　　自建场景与合作拓展场景的比较

项目	自建场景	合作拓展场景
性质	重模式	轻模式
方式	主导整合产业链 上下游资源 打造交易闭环	联名合作 战略合作 股权合作
优势	掌控力强	成本小、门槛低、难度小
劣势	成本高、竞争难度大	掌控力弱

小贴士 3-7

招商银行与滴滴出行合作推出联名信用卡，引入滴滴出行用户流量；平安银行与"去哪儿网"合作，将平安橙子与"去哪儿网"服务对接；招商银行与高盛等共同投资了宠物电商"波奇网"，利用股权合作，占领宠物电商场景。对银行来说，这种场景建设模式比较容易进行操作和实践，是现阶段国内银行场景建设的主流选择。

【任务实施】

一、学生分组讨论

（1）将上课班级划分成若干小组（每小组5~6人），每个小组派出2名学生回答教师的提问：①金融业搭建场景的流程（能够正确回答得40分，回答错误的酌情扣10~40分）；②自建模式与合作拓展场景模式的不同之处（能够正确回答得30分，少回答一项扣10分）。

（2）教师检查小组任务完成情况（按时并保质完成任务得30分，不符合要求的酌情扣分）。

二、教师记录小组成绩

第（　　）次成绩记录表

小组成员		
姓名	学号	组内分工

评价内容	教师评分	评价标准（满分100分）	考核等级
掌握金融业搭建场景的流程（40分）		优：≥90分 良：80~89分 中：70~79分 及格：60~69分 差：<60分	
掌握自建模式与合作拓展场景模式的不同之处（30分）			
完成本项目的任务三（30分）			

教师点评：　　　　　　　　　　　　　　　　　　　教师签名：
　　　　　　　　　　　　　　　　　　　　　　　　　年　　月　　日

综合训练

一、概念识记

场景　场景化　产业链金融　G端　B端

二、单选题

1.以下说法中，错误的是（　　）。

A.场景流量是银行外部的流量资源

B.场景流量是银行内部的流量资源

C.场景流量不包括银行内部的流量资源

D.银行获客要从软件到硬件全渠道合作

2.以下选项中，不属于企业数字化转型技术保障作用的是（　　）。

A.企业业务变得更加敏捷　　　　　　B.企业信息变得不可靠

C.企业信息变得更加透明　　　　　　D.企业业务变得更加高效

E.更容易获得企业信息

3.保险行业数字化转型的核心是（　　）。

A.客户的需求　　　　　　　　　　　B.借助互联网、大数据等新工具

C.人适应机器　　　　　　　　　　　D.降低销售成本

4.以下选项中，不属于保险行业公域流量营销重点的是（　　）。

A.抖音和快手　　　　　　　　　　　B.公众号、小程序

C.微博与直播平台　　　　　　　　　D.电视广告

5.以下选项中，不属于银行数字化营销活动的是（　　）。

A.通过多个事件触发器创建的自定义活动

B.上门推销

C.短信营销活动

D.App推送优惠活动

6.以下选项中，不属于传统银行产品营销方式的是（　　）。

A.线下销售　　　　B.网点宣传　　　　C.电话销售　　　　D.新媒体营销

7.以下选项中，不属于数字化营销场景的是（　　）。

A.移动支付　　　　　　　B.手机转账　　　　　　C.线上理财

D.线上贷款　　　　　　　E.柜台交易

8.以下说法中，错误的是（　　）。

A.银行没有高频的服务场景基础

B.客户需要与场景行为做更深的关联

C.账户数量已饱和

D.客户更依赖于账户而非实际的金融业务

9.关于银行的账户与场景的表述，错误的是（　　　）。

A.收集客户的实体信息，并建立了业务关系，就意味着获客成功

B.客户与金融机构的连接越来越脱离"账户"的束缚

C.账户越来越依赖于场景权益的设计

D.场景信息需要依靠自建生态体系来进行更广泛的收集

10.以下选项中，不属于信托公司业务场景的参与方的是（　　　）。

A.融资方　　　　　　　　　　B.投资者　　　　　　　　　C.政府机构

D.信托公司　　　　　　　　　E.其他服务机构

11.关于传统银行服务的表述，错误的是（　　　）。

A.大部分客户接收到的信息都是无效的

B.由于核身技术的限制，面对面核身成为必要

C.专网的存在阻隔了信息的无障碍流通

D.金融核身可以在各个场景中发生

12.未来银行数字化转型的重点方向不包括（　　　）。

A.全渠道提升体验

B.多场景批量获客

C.数据智能化驱动

D.物理网点为王

13.关于银行场景获客的表述，错误的是（　　　）。

A.传统自建App场景的获客模式具备不可替代性

B.它是商业银行应对成熟流量市场的一种获客模式

C.场景流量可以是银行外部和内部的流量资源

D.场景获客模式是唯一的

14.以下说法中，正确的是（　　　）。

A.B端指的是"商业端"

B.B端的客户主要是企事业单位

C.B端客户的需求主要涉及公共事务和公共服务领域

D.B端的客户主要是政府机构和相关部门

15.以下说法中，错误的是（　　　）。

A.场景分析是从场景和流程驱动逐步分解、从业务到技术的一个过程

B.场景分析是基于场景驱动的思路来分析当前的业务和IT能力的成熟度或满
足度

C.场景分析的核心是搞清楚当前能力和目标场景实现的差距

D.场景分析是完全抛弃已有的业务和IT能力

16.产业链金融场景不包括（　　　）。

A.产业链开户　　　　B.产业链收付　　　　C.消费链　　　　　　D.产业链融资

17.下列选项中，不属于金融行业应用场景的是（　　　）。

A.智慧网厅　　　　B.智慧双录　　　　C.智慧闸机　　　　D.智慧客服

18.以下说法中，错误的是（　　　）。

A.技术建模就是应用实现的业务功能设计

B.技术建模应用本身涉及私有数据库

C.技术建模应用数据对象和模型的设计

D.技术建模应用本身需要复用的底层业务平台和技术平台接口设计

19.以下说法中，错误的是（　　　）。

A.场景是判断需求是否存在的重要依据

B.场景是唯一的，场景越多，意味着覆盖的人群也就越广

C.场景并不是一成不变的

D.找不到对应的场景，意味着这个需求可能是伪需求

20.以下选项中，不属于金融场景建设合作拓展模式的是（　　　）。

A.联名合作　　　　B.战略合作　　　　C.股权合作　　　　D.服务合作

三、多选题

1.基于产品的某种使用状态的场景有（　　　）。

A.健康监测　　　　　　　　　　B.运动追踪

C.日常便利性　　　　　　　　　D.某个旅游景点

2.信托数字化的组织系统，需要外在整体性和内在机制的整体性，因此要有（　　　）。

A.线上与线下的融通　　　　　　B.业务与管理的融通

C.内部与外部的融通　　　　　　D.现实与虚拟的融通

3.以下选项中，可以使证券公司做好数字化转型的方法有（　　　）。

A.做好顶层设计，确定数字化转型蓝图规划

B.加强业务体系数字化建设，促进业务发展和内部运营效率的提升

C.推进科技转型，打造科技核心能力，建立数字化转型的科技基座

D.实现组织敏捷化转型，业务技术进一步融合

4.数字化技术可以应用于（　　　）。

A.信贷管理场景　　　　　　　　B.渠道整合场景

C.营销管理场景　　　　　　　　D.智能保险定价和核保场景

E.智能投顾场景

5.保险企业数字化转型成功的关键因素包括（　　　）。

A.保险产品　　　　B.专业运营　　　　C.流量平台　　　　D.人员推销

6.信托公司在数字化转型过程中场景搭建的内容包括（　　　）。

A.梳理主要业务场景　　　　　　B.与信托项目全生命周期进行匹配

C.与客户谈判　　　　　　　　　D.对业务细化

E.抽象提炼核心模块

7.以下选项中，属于信托公司的业务场景有（　　　）。

A.产业金融   B.消费金融   C.供应链金融

D.证券投资   E.财富管理

8.以下选项中，属于产业链金融场景的有（ ）。

A.产业链开户 B.产业链收付 C.产业链票据 D.产业链融资

9.以下说法中，错误的有（ ）。

A.股权合作共享利益   B.股权合作门槛较高

C.股权合作整合资源难度大   D.股权合作对合作方约束力不够

10.服务与支付均在线上进行的平台有（ ）。

A.微信 B.微博 C.抖音 D.爱奇艺

11.C端的银行场景应用要做到用户能够自然地游戈在（ ）中。

A.出行场景 B.商圈场景 C.旅游场景 D.餐饮场景

12.场景营销需要通过（ ）创造有价值的场景，吸引目标受众的关注和参与，提高用户的参与度和体验。

A.提供特别的活动   B.礼品

C.折扣   D.赠品

13.针对年轻人的场景营销有（ ）。

A.校园 B.QQ音乐 C.保险 D.公积金

14.数字化银行为客户提供的数字化服务包括（ ）。

A.虚拟银行办公室   B.移动银行应用

C.在线贷款审批   D.数字支付和转账

15.银行场景建设的核心思路有（ ）。

A.以银行系统和基础技术平台为支撑

B.整合金融服务场景的渠道入口，引入外部数据、技术等资源

C.充分利用人工智能、大数据、云计算、区块链以及互联网和移动技术

D.根据不同场景的细分领域来构建场景化金融服务

16.要加快推进新一代数字化技术的应用，实现"ABCD+5G"，A、B、C、D代表的意义分别是（ ）。

A.A是指人工智能   B.B是指区块链

C.C是指云计算   D.D是指大数据

17.以下说法中，正确的有（ ）。

A 业务建模就是一种"目标导向"的流程分析方式

B.业务建模主要是将与业务流程相关的人、事、物做一个链接

C.业务建模主要是将与业务流程以及这个业务流程所要实现的目标做一个链接

D.业务建模描述了企业中重要的人、事、物与流程的关系

18.在企业数字化转型的竞争中，更多的是人才的竞争，即需要培养和引进（ ）。

A.懂数字化技术的管理人才

B.会构建数字化基础环境的专业人才

C.会开发数字化产品的专业人才

D.在业务中使用数字化工具提升工作效率的数字化应用人才

19.以下说法中，正确的有（　　　）。

A.自建模式主导整合产业链的上下游资源

B.自建模式成本低

C.自建模式打造交易闭环

D.自建模式门槛低、难度小

20.以下选项中，属于数字化营销场景的有（　　　）。

A.移动支付　　　　　　B.手机转账　　　　　　C.线上理财

D.线上贷款　　　　　　E.柜台交易

四、判断题

1.场景化所提供的产品，应该是消费者在特定环境下所需要的解决方案。（　　　）

2.挖掘高频场景，通过用户熟悉的场景触达，更容易拿下用户、俘获用户。

（　　　）

3.自建场景的投入成本相对较高。（　　　）

4.互联网思维的一个关键要素，就是从用户的需求出发去思考问题。（　　　）

5.金融服务产品是指金融市场上交易的对象，即各种金融工具。（　　　）

6.金融营销具有营销客体的无形性、金融产品的可储存性、交易的持续性、买卖双重营销等特点。（　　　）

7.视频营销在及时性、互动性、传播速度上具有明显的优势。（　　　）

8.微博的问答功能能够让博主实现用户价值的变现。（　　　）

9.竞价排名是企业与搜索引擎合作，通过向搜索引擎付费的方式使得网站排名靠前。（　　　）

10.消费者可以十分便利地通过微信平台关注并获取企业产品或服务的相关信息，在消费过程中随时和企业联系，实现自主咨询、下单、购买、支付和意见反馈等消费环节。（　　　）

11.金融服务的无形性可能比一般服务业（如酒店，航空）更加突出。（　　　）

12.收益性、风险性、流动性三者不可能被同时满足。（　　　）

13.发展中国家的某些地区市场可能对金融产品或服务有很大的需求。（　　　）

14.虽然服务产品的生产依赖于服务人员的参与，但服务人员和服务产品是两个独立的个体。（　　　）

15.在知识水平高的地区，复杂的金融产品会有很好的销路。（　　　）

16.在我国，金融企业之间的各类服务存在很大的雷同性，于是"增值"服务便成为品牌竞争的核心内容。（　　　）

17.客户真正的痛点不是欲望，而是恐惧。（　　　）

18.智能客服能够对简单问题进行答复，通过人机交互解决用户关于产品或服务

的问题。　　　　　　　　　　　　　　　　　　　　　　　　　（　　）

19.联通、电信、移动三大运营商联合出台的大数据，都经过了工信部和网信部的审核监控，所以很正规，是合法的。　　　　　　　　　　　　　　　（　　）

20.每个人使用手机互联网的行为都会在运营商的数据流量中留下痕迹。（　　）

五、简答题

1.为什么金融科技要与金融业务合作？又是如何合作的？

2.金融场景与互联网金融的区别是什么？

六、实战演练

保险营销与运营的核心是提升投保体验，这也是投保人的需求。请重塑保险公司的服务体系，以便能够解决以下问题：

保险公司需要在客户购买保险产品的过程中，收集客户不满意的点（如是否有业务人员夸大功能、强制推销等）；改善保险代理人的生存现状；服务独立代理人，解决独立代理人独而不立的发展难题。

项目四

用户画像

职业目标

职业知识：

• 了解用户画像的使用场景；了解场景与场景化的不同；建立从流量到客户转化的路径。

职业能力：

• 会根据客户画像搭建金融场景；会利用所搭建的场景引流。

职业素养：

• 培养互联网精神，树立创新意识。

项目导读

营销就是在合适的时间地点，通过合适的方式对合适的人讲合适的话。其包括目标用户、行为习惯、广告形式、广告投放等因素，其中最根本的是围绕目标用户。用户画像的目的有两个：一是从业务场景出发，寻找目标客户；二是参考用户画像的信息，为用户设计产品或开展营销活动。

进入移动互联网时代，金融业务的地域限制被打破。成为客户主体的80后、90后，不愿意到金融网点办理业务，不喜欢被动接受金融产品和服务，金融企业想要面对面接触年轻人、直接了解年轻人的想法以及他们对金融产品的需求已经越来越难。面对消费者的消费行为和消费需求的转变，金融企业迫切需要为产品寻找目标客户和为客户定制产品。

"金融+场景"是当下和未来金融服务的主题，只有把金融交易与服务场景紧密结合，让客户在自主服务和服务沟通过程中体验到快捷、安全、乐趣等服务增值，才会形成可持续的获客渠道。因此，建立、形成优质的金融场景服务是新时代金融业的核心竞争力所在。

通过本项目的学习和操练，你会熟悉用户画像的几个常用场景，并且会搭建用户场景以及为金融客户引流。

任务一　构建用户画像

在前往哈尔滨冰雪大世界的南方游客中，女性占比明显高出男性，为 54.87%；并且江浙沪地域特征尤其明显，在来源地排名 Top10 的城市中，江浙沪占了 5 个，上海以 3.82 的区域特征 TGI（特定群体发生事件概率/整体发生事件概率）排名首位。

这些南方游客多是 25~34 岁的年轻人，占比 41.67%，其次为 18~24 岁，占比 28.83%。

此外，到哈尔滨冰雪大世界一游的南方游客多为中、高消费水平人群。其中高消费水平人群占比 49.88%，并且相对全量人群（即包括活跃用户、不活跃用户以及新增用户和流失用户在内的所有用户的总量），TGI 达到 2.04，高消费人群特征明显。

此群体对飞机出行的偏好达到 5.05。具体来看，他们不仅各大航司的 App 安装 TGI 远超全量人群 10 余倍，而且对一些飞机出行必备 App 的使用偏好也很高。有媒体报道，2024 年元旦期间哈尔滨机场客流量超 20 万人，创历史同期新高。来到哈尔滨冰雪大世界的南方游客中，对无人机设备的使用偏好高出全量人群 4 倍，如对大疆无人机的使用偏好达 5.94。

那他们日常出行有什么偏好呢？每日互动大数据洞察发现，这些来自南方的游客多为有车一族，偏好自驾出行（自驾 TGI 为 5.40），他们也是新能源汽车的忠实拥趸。

他们热衷旅行但是不盲目，习惯出发前认真做好攻略，不打无准备之仗。他们做旅行攻略的 TGI 高达 7.14。从星级酒店到民宿公寓，来自南方的游客都有自己的选择。

此外，除了到饭店品尝本地美食，这些南方游客对快餐类 App 的使用偏好也较明显，想必为了更加便捷，肯德基、麦当劳等快餐也是其旅途中不错的选择。

这些来自南方的游客有着更高的理财属性。单从人群占比来讲，他们对股票类 App 的安装量达到 25%，对股票类 App 的偏好是全量人群的 2.8 倍。在哈尔滨冰雪大世界里，可能迎面走来的 4 个南方游客里就有 1 个是股市玩家。

他们还对健康管理非常重视，这不仅仅体现在对一些运动健身类 App 的使用偏好上，更体现在对在线医疗、养生类 App 的使用上。

此外，他们的日常采购习惯通过线上来完成，对生鲜电商类 App 的 TGI 达到 3.90；同时他们爱逛山姆超市，也爱喝星巴克咖啡。

可能是因为工作繁忙，也可能想要更多时间来发展自己的兴趣，这部分南方游客对家政服务类 App 的使用偏好达 2.56。

更有趣的是，他们对智能家居的使用偏好明显高于全量人群，习惯通过扫地机器人来完成日常清洁工作。此外，他们对传统家电品牌智能化产品的使用 TGI 也是全量人群的 2 倍多。

任务要求：

请找出用户画像的标签，并画出标签图鉴。

学而思，思而学

"凡益之道，与时偕行"对你有什么启示？

（提示：新形势下，中国金融业要奋楫笃行，开辟金融创新新赛道。）

【任务准备】

完成本次任务，你需要掌握以下知识：

营销离不开用户，得用户者得天下，而说到用户则不能不提用户画像。商界流传着一句至理名言："我知道我有一半的广告费浪费了，但不知道是哪一半。"于是企业越来越强调精准投放、精准营销，而这离不开用户画像。

一、什么是用户画像

在大数据充斥着日常生活的今天，我们仿佛看见眼前影影绰绰的都是客户，但伸手去抓时，却发现能抓住的寥寥无几。让我们的客户变成了镜花水月的主要原因在于对客户的把握不够精准。

例如，你希望男性还是女性更青睐你的产品？产品是为年轻人还是为中青年人打造的？什么职业的客户更对你产品的路子……

当我们讨论产品、需求、场景、用户体验的时候，往往需要将焦点聚集在某类人群上，用户角色便是一种抽象的方法策略，是目标用户的集合，而用户画像则是用户信息标签化的总集。因此，用户画像，是针对某一个具体用户，汇总他身上的标签，得到该用户标签合集的结果。理解用户画像工具有 3 个关键点：

（1）虚拟代表。用户画像并不是对单个用户的特征进行描述，而是对一群人特征的抽象。正如企业被称为"法人"，用户画像是针对一群人（目标人群，即有共同基础信息特征、心理特征或者行为倾向的人群）进行分析，用数据去刻画，进而找到能撬动他们决策的支点。从实现形式上来讲，这种刻画其实还可以理解为，为一群有共同特征的人打上标签，然后根据标签进行精准营销。

（2）真实数据。巧妇难为无米之炊。用户画像是基于真实数据构建的，真实的用户数据就是用户画像的画笔。这里提到的数据包含但不限于人口学特征（如目标人群的性别、年龄、地域分布等）、用户行为数据等。

（3）目标用户。从"目标人群"这个词中，我们可以看出用户画像关注的并不是全体用户，而是某一个细分群体、一个精准的群体、一个细分的利基市场。

二、用户画像的构建步骤

简单来说，用户画像的构建过程可分为3个步骤：数据采集、数据标签化和生成画像。

1.数据采集

数据采集是用户画像建模的第一步，需要将用户的各类数据进行采集、整理、清洗、归类等处理。

小贴士4-1

某位用户是一位高净值人士，但是他在某家银行里只存了几万元，如果把这位用户界定为一般用户就会错过很多机会。所以首先要把数据收集工作做到位，形成真正的大数据，然后再对用户进行基础属性和意愿属性的划分。按照四个区域进行分类：低净值、低意愿；低净值、高意愿；高净值、低意愿；高净值、高意愿。例如：某平台的大部分用户都属于起点高、活跃度高的类型，这些用户本身具备一定的高净值属性，并且对这个平台有较高的信任度，那么针对这类用户就应该注重口碑营销，减少其他常规推销。进行用户画像，可以从以下几个方面采集数据：

（1）用户基本信息，包括用户的性别、年龄、地区、职业等基本信息。

（2）用户行为数据，包括用户在网站或App上的访问行为数据，如搜索关键词、点击量、浏览时间等信息，以及用户在社交媒体上的行为数据，如行业相关论坛、博客等的发帖和评论等信息。

（3）用户兴趣数据。通过收集用户喜欢的电影、音乐、书籍、游戏等信息，了解用户的兴趣爱好和个性化需求，进而更好地为用户提供个性化推荐等服务。

（4）用户反馈数据。包括用户对产品或服务的评论、投诉、建议等反馈信息，这些数据可以帮助企业了解用户对产品或服务的满意度和需求反馈，以进一步提高产品或服务质量。

用户画像所需的数据可划分为静态数据和动态数据两类：

（1）静态数据。这通常涉及用户的人口属性、空间属性、社交属性、消费属性和金融属性等维度，这些数据可以通过定性的开放式问题来获取，也可以通过定量的问卷调研来获取。静态数据主要用于了解用户的真实需求，进而具象用户特征。

（2）动态数据。这主要是指用户不断变化的行为特征数据（场景、媒体、路径等），这些数据通常都会被相应的互联网产品或平台记录下来，获取难度相对较低。

2.数据标签化

进行用户画像的目的之一就是通过对用户数据的分析为每个用户打上相应的标签，并为标签赋予不同的权重，这就需要将用户数据映射到构建的标签体系中，并将用户的多种特征组合到一起。

标签的选择会直接影响到最终画像的丰富度与准确度，因而进行数据标签化时需要与产品自身的功能和特点相结合。比如，电商类平台需要对价格敏感度相关标签进行细化，而短视频平台则需要尽可能多视角地用标签去描述视频内容的特征。

小贴士 4-2

众所周知，算法是"今日头条"这款兴趣推荐 App 应用的核心，这也是其与传统媒体最本质的区别，"今日头条"非常"懂"用户，能够精准推荐用户所喜好的新闻，这使得其在推出之后短短 2 年时间内就拥有了 2.2 亿用户，每天有超过 2 000 万个用户在"今日头条"上阅读自己感兴趣的文章。

3.生成画像

在把用户数据标签化之后，通过相应的模型或工具，即可生成用户画像，其可以是囊括了各种标签的 Excel 表格，也可以是一张图片。

例如，王某，男，38 岁，研究生学历。平时喜欢在微信读书和掌阅上阅读电子书。每周 7 天都会使用手机，平均每天 4 个小时，最近一直在京东商城上搜索《数字化生存》这本书，关注其有没有库存。

从以上信息可以抽象出来：中年男子，高学历，爱读书，手机重度依赖用户，最近想要买一本书。这些数据描绘的是抽象的人，能够匹配这个标签的人在国内有很多，这就是用户画像。如图 4-1 所示。

视野拓展4-2

疯狂的炸弹手

图4-1　用户画像

三、用户标签

　　数据是构成用户画像的基础，没有数据，用户画像就无从说起。收集哪些数据很关键，数据维度太小做不出精准画像，而不必要的数据太多，又会浪费时间。因此，给用户贴标签就成为用户画像的核心工作。

　　用户画像的本质，实际上就是"标签化"的用户行为特征。通过给用户"贴标签"，如年龄、性别、兴趣爱好等，进行高度精练的特征描述，如图4-2所示。

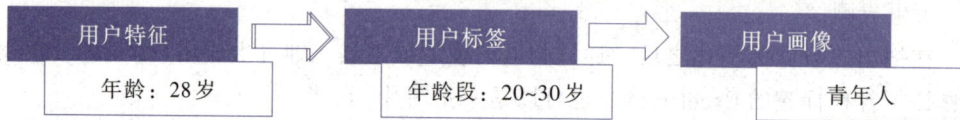

图4-2　为用户"贴标签"

用户标签一般分为3类：

1.统计类标签

　　这类标签是最基础也是最常见的标签类型，主要是从原始数据中直接提取出来的，如用户性别、年龄、所在城市等。

2.规则类标签

　　这类标签主要是基于用户行为及确定的规则而产生的。例如，"活跃用户"标签，什么样的用户才算是活跃用户？这里标签的规则就主要是由运营人员或数据人员确定的。

3.挖掘类标签

这类标签主要是通过数据挖掘所产生的，解决的是从无到有的问题。例如，用户"性别"未知，但因中国人的名字和性别是强相关的，因此可以利用贝叶斯算法推测该用户性别。

用户标签体系的搭建是用户画像中最为核心的工作，因此在梳理标签体系时应尽量按照MECE原则，做到相互独立，完全穷尽。某银行的标签体系搭建如图4-3所示。

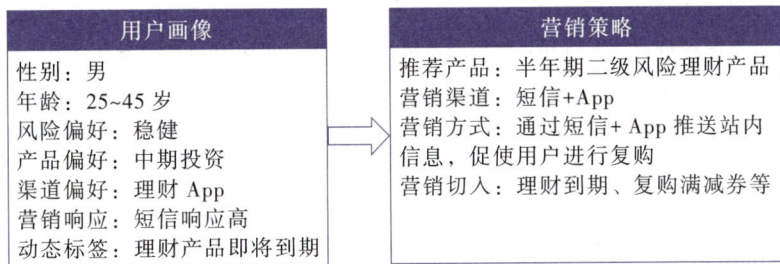

用户画像	营销策略
性别：男 年龄：25~45 岁 风险偏好：稳健 产品偏好：中期投资 渠道偏好：理财 App 营销响应：短信响应高 动态标签：理财产品即将到期	推荐产品：半年期二级风险理财产品 营销渠道：短信+App 营销方式：通过短信+ App 推送站内信息，促使用户进行复购 营销切入：理财到期、复购满减券等

图4-3 某银行的标签体系搭建

小贴士 4-4

一家连锁超市营销系统根据某用户搜索商品的关键词，以及相关的行为轨迹捕捉到了该用户怀孕的信息。网络营销系统中对用户进行画像的要素可能包括：用户 ID、性别、性格描述、资产状况、信用状况、喜欢的颜色、钟爱的品牌、上周购物清单等。有了这些信息，系统就可以针对这个用户，把婴儿用品广告精准地推送给她并进行个性化的购物推荐。

四、用户画像的作用

不同的企业做用户画像会有不同的战略目的。例如：广告平台，主要是为了精准投放，找到目标用户；内容平台是为了个性化推荐，更好地留住用户；数据类平台则是进行用户分析，挖掘数据价值，驱动运营增长。用户画像本质上就是从业务角度出发对用户进行分析，了解用户需求，寻找目标客户。

（1）引导产品优化。进行用户画像可以清晰知道用户是谁，哪个群体占比大，从而根据客户体验去调整产品功能。假如手机目标用户中商务人士居多，他们对于使用手机办公可能有巨大需求，最怕电量不足，这就需要手机厂商在电池容量、内置办公软件等功能方面进行强化。

（2）改进服务质量。画像越清晰，企业就越懂用户，如何在体验服务上升级也就有目标了。

（3）利于精准营销。用户画像本质就是从业务角度出发对用户进行分析，了解用户需求，寻找目标客户。用户画像的目的有两个：一是从业务场景出发，寻找目标客户；二是参考用户画像的信息，为用户设计产品或开展营销活动。

知己知彼，才能让营销有效。例如，餐厅亲子用餐群体较多的话，就可以多跟一些亲子类社群和相关企业合作，广告投放也要以这一类为主，从而提升转化率。

以眼镜产品为例，眼镜主要面对的用户肯定是具有配镜需求的，在眼镜的需求用户群体中，选取其中几类角色建立用户画像，见表4-1、表4-2、表4-3。

表4-1　　　　　　　　　　　　　用户1画像

王岩城	男，00后，21岁，大二学生，近视350度
特征	对眼镜行业一无所知，配镜通常选择眼镜城等价格较便宜的地方，追求性价比
爱好	骑行、打篮球、打游戏、电子产品
性格	外向、活泼、善于言谈
需求	作为眼镜行业的"小白"用户，不了解如何判断眼镜的好坏，选眼镜的时候通常只是看看框型、戴上好不好看；每次购买眼镜都要被配镜师的意见左右，很容易超出预算，购买的频率大约2年一次。每次需要换眼镜的时候就想如果有个价格透明、性价比高的眼镜店就好了
互联网使用情况	互联网重度依赖用户，每天都要花6+小时在手机和电脑上，基本生活需求也以互联网为主，网购、订外卖、查资讯等都通过互联网
用户目标	了解眼镜知识，掌握用眼常识，保证平时用眼健康，能够购买到高性价比的眼镜
商业目标	1.经常访问网站；2.将网站推荐给别人；3.在网站购买眼镜

提炼王岩城的用户标签：性价比、运动、互联网、打游戏。

表4-2　　　　　　　　　　　　　用户2画像

李芳芳	女，90后，28岁，互联网从业者，近视275度
特征	喜欢打扮自己，追求时尚，眼镜就像生活中的装饰品，要求必须美观，同时对眼部健康比较在意，对验光和配镜数据的准确性要求较高
职业	用户界面设计师
爱好	听音乐、旅游、练瑜伽
性格	内向，喜欢安静的场合，只和熟悉的朋友一起玩耍
需求	购买眼镜时总是感觉千篇一律，能够挑选的款式太少，经常戴美瞳，诉求是只要戴上好看、价格合理就行，通常是1年买一次
互联网使用情况	互联网重度依赖用户，上下班路上、在家里都离不开互联网；喜欢网购，日常生活消费以互联网为主
用户目标	有足够多的眼镜款式可供挑选，数据精准，最好可以在网上直接买到喜欢的眼镜
商业目标	1.经常访问网站；2.将网站推荐给别人；3.在网站购买眼镜

提炼李芳芳的用户标签：时尚、旅游、安静、互联网。

表 4-3 用户 3 画像

张先生	男，80后，44岁，名下有3家公司，近视650度
特征	注重品质和档次，通常选择的都是较昂贵的眼镜，戴眼镜除了解决近视的问题外，还是品位的象征
职业	企业管理者
爱好	自驾游、字画、古玩、投资
性格	自信、自主，喜欢一切都在掌控之中
需求	选择眼镜就是选择档次，一般都去高档眼镜店配眼镜；想了解眼镜文化及与眼镜相关的知识
互联网使用情况	互联网轻度用户，只是用来浏览新闻时事、联系客户
用户目标	了解眼镜文化，提升品位和档次
商业目标	在网站购买眼镜

提炼张先生的用户标签：品位、财富、文化。

一个产品通常建立3~5个用户角色，每个角色都有自己独有的用户标签，以此为基础为不同类型的用户建立用户场景。

> **小贴士 4-5**
>
> 　　用户画像的使用场景较多，不同的行业做用户画像有不同的战略目的：广告公司做用户画像是为了进行精准的广告服务；电商企业做用户画像是为了使用户购买更多商品；内容平台做用户画像是为了推荐用户更感兴趣的内容，提升流量并变现。

金融业通过用户画像可以识别哪些客户对财富类营销活动的响应率比较高，哪些客户的资产潜力较大，哪些客户较易被升级，哪些客户处于流失的边缘，哪些客户的信用程度较低，哪些客户较容易发生欺诈行为等。比如，银行找出那些不还款的人的特征，通过用户画像能够更快、更简单地筛掉一些用户，再通过既有数据推断要不要给某个客户放款、放多少，即通过设置准入条件最大化地降低风险。

【任务实施】

一、学生分组讨论

（1）将上课班级划分成若干小组（每小组5~6人），每个小组派出2名学生回答教师的提问：①举例说明如何给客户打标签（能够正确回答得30分，回答错误酌情扣10~30

分）；②回答用户画像的构建步骤（能够正确回答得40分，少回答一项扣10分）。

（2）教师检查小组任务完成情况（按时并保质完成任务得30分，不符合要求酌情扣分）。

二、教师记录小组成绩

第（　　）次成绩记录表

小组成员

姓名	学号	组内分工

评价内容	教师评分	评价标准（满分100分）	考核等级
会贴标签（30分）		优：≥90分	
熟悉用户画像的构建步骤（40分）		良：80~89分 中：70~79分	
完成本项目的任务一（30分）		及格：60~69分 差：<60分	

教师点评：　　　　　　　　　　　　　　　　　　　　教师签名：

　　　　　　　　　　　　　　　　　　　　　　　　　　　年　　月　　日

任务二　用户数据建模

任务导入

场景一

爸爸：买风筝。

大叔：大人放还是小孩放？

爸爸：小孩。

大叔：男孩还是女孩？

爸爸：男孩。

大叔：这个小号海豚风筝看一下（从背包里抽出一个卷起来的风筝，摊开后给爸爸）。

爸爸：明明喜欢吗？

明明：喜欢。

（看到明明喜欢，爸爸就准备掏钱了，然而峰回路转，又有了下边的对话）

场景二

爸爸：多少钱？

大叔：20元。

爸爸：我扫哪里？

大叔：给小孩儿玩的话，可以换成这个有安全绕线轮的，只要30元，不容易割到孩子的手哦。

爸爸：（拿起20元的普通线轮，放在手上割了下试试）没事，就这个了，我扫哪里？

大叔：扫这里，微信或支付宝都行。

爸爸：好了，走了。

（然后爸爸就和明明愉快地放风筝去了）

任务要求：

请分析基于用户画像的推荐系统的重要性，并画出用推荐系统提升交易的完整流程。

▶▶▶

学而思，思而学

　　一个农夫养了一只鹅，有一天，这只鹅下了一只金蛋。农夫非常惊喜，第二天，鹅又下了一只金蛋。于是农夫就想："要是我多给鹅喂点饲料，它是不是每天就能下更多的金蛋了？到时候就发财了！"于是它给鹅喂了很多饲料，最后鹅被喂得又肥又大，但是连普通的蛋都没有再下过，农夫后悔不迭。这个寓言对你的启示有哪些？

（提示：很多事情想要有好的结果，必须按照一定的规律，循序渐进地发展经营，不能自以为是，更不能急功近利。）

【任务准备】

完成本次任务，你需要掌握以下知识：

数据建模是指将现实世界中的业务概念转化为计算机中的数据结构和关系的过程。在这个过程中要仔细分析原始数据，根据所分析的数据构建数学模型，从而了解数据内在的趋势并解决问题，最终采取一定的行动。

用户画像数据建模是指通过收集和分析用户的基本信息、行为和偏好等数据，对用户进行分类和描述的过程。按什么样的数据模型存储画像数据，会直接影响画像模型所能支持的功能范围，常见的画像数据模型有三种。

一、用户模型

用户模型是一种最简单的模型，以用户唯一标识作为主键存储各类画像标签数据。用户模型结构见表4-4。

表4-4　　　　　　　　　　用户模型结构示例

用户ID	性别	常住省	…	标签N
100	男	山东省	—	—
101	女	陕西省	—	—
102	男	河南省	—	—
103	女	江苏省	—	—

小贴士 4-6

关系型数据库中的一条记录中有若干个属性，若其中某一个属性组（注意是组）能唯一标识一条记录，该属性组就可以成为一个主键。主键（primary key）也叫主关键字，是能确定一条记录的唯一标识。比如：

学生表（学号、姓名、性别、班级），其中每个学生的学号是唯一的，学号就是一个主键。

课程表（课程编号、课程名、学分），其中课程编号是唯一的，课程编号就是一个主键。

成绩表（学号、课程编号、成绩），其中的学号不是成绩表的主键，但它和学生表中的学号相对应，并且学生表中的学号是学生表的主键，则称成绩表中的学号为学生表的外键。同理，成绩表中的课程编号是课程表的外键。

该表结构类似关系型数据库表结构设计，其中主键是用户 ID，后续的列代表该用户的各类标签。基于这种单表结构，可以很容易筛选出满足条件的用户，比如找到所有常住省为山东的男性用户。人群分析功能可以基于表中的指定标签列进行聚合操作来实现，比如统计所有省份的用户分布情况。

小贴士 4-7

数据库就是个大仓库，是用来存东西的。关系型数据库就是这个大仓库里的一种特殊结构。我们可以把它想象成一个有很多小抽屉的大柜子，每个小抽屉里都放着不同的物品，并且这些物品之间还有一定的关联。

关系型数据库可以包含很多个二维化的数据结构，叫作表，有行列之分，就像棋盘一样。列是字段，比如性别、年龄、姓名；行是一行行记录。

在关系型数据库中，表之间可以通过主键和外键建立关联关系，实现数据的关联查询和数据的一致性。

用户模型结构简单，实现起来就简便快捷，只需要将分散在不同数据表中的用户标签汇总成一张宽表即可。把标签数据汇总到一张宽表中与后续工程实现的简便性有关，如果标签分散在不同数据表中，圈选和分析时涉及的实现逻辑就会比较复杂。

该模型适用的标签主要是离线标签，比如属性或者统计类标签，不适用行为明细类等与时间相关的数据。这一特点决定了该模型不支持精细化的基于行为数据的画像圈选和分析，比如，无法圈选出 5 月 8 日至 10 日点赞过某视频的用户。但很多场景并不关注与时间相关的明细行为数据，比如数据管理平台中人群圈选大部分都是使用离线标签，用户模型比较符合此类场景。

小贴士 4-8

宽表从字面意义上讲就是字段比较多的数据库表，通常是指将与业务主题相关的指标、维度、属性关联在一起的一张数据库表。由于把不同的内容都放在同一张表中存储，宽表已经不符合三范式的模型设计规范，其缺点是数据的大量冗余，优点是提高数据计算时的效率，如查询便捷。

窄表严格按照数据库三范式的模型设计规范，尽量减少数据冗余，但是其缺点是修改一个数据可能需要修改多张表。

二、用户－行为模型

相比用户属性，用户行为的数据更为个性化。用户行为的参数主要分为两种：一种是行为类型；另一种是行为来源。行为类型可以帮助我们定位产品中最受用户关注的内容和服务。我们在使用一款产品时会自然地作出一些行为，比如浏览、搜索、点击、收藏；在使用体验较好时，还会进一步作出互动行为，比如点赞、评论和分享等。在建立用户画像模型的时候，可以为以上行为设置不一样的权重值，将这些权重值汇总起来就可以定义一个群体的用户特征。

行为来源可以帮助运营部门分析从不同渠道来的用户是否有共同特征或特殊偏好。一个产品往往有多种用户渠道，那么用户是从哪里过来的？是产品首页、活动页、公众号、推荐、邀请链接还是广告转化？行为来源提供了重要信息，对每一个行为来源做好标注，在拿到来源数据后进行进一步的行为关联，就可以得到一个完整的用户画像。

用户的行为数据从粒度上可以分为两类：统计类行为和明细行为。统计类行为可以直接作为标签使用，比如当天点赞数、当天送礼物数、当天使用App时长、近7日登录App天数等，这些行为数据需要进行离线统计计算。明细行为指的是用户每一个行为的明细数据，比如用户每天的点赞记录，数据不仅与时间有关，还涉及发生行为时的一些附加信息，比如2024年3月20日18：00，用户甲对视频A进行了点赞操作，当时甲是使用华为手机上的UC浏览器通过Wi-Fi网络进行的操作。

小贴士 4-9

粒度即统计的粗细程度，细化程度越高，粒度级就越小；相反，细化程度越低，粒度级就越大。例如，销售库里的销售额，可以是一天一个值，也可以是一个月一个值，甚至一年一个值，这就是相对于时间维度表的粒度。粒度要综合分析，并不是越细越好。

表4-5展示了基于统计类行为的表结构设计，与用户模型相比增加了与日期相关的行为标签数据，且按天记录了各行为统计类标签数值。基于用户-行为模型，可以结合用户属性类标签和行为标签实现更加复杂的人群圈选和功能分析，比如圈选出3月1日至3月24日之间，平均在线时长超过1 000秒的河南省男性用户；针对给定人群，分析其从3月15日至3月24日的平均在线时长变化趋势。此时的行为标签与用户普通标签差距不大，只是业务属性上属于用户行为且与标签数据日期有关。

表4-5　　　　　　　　　　　　基于统计类行为的用户-行为模型表结构示例

用户ID	性别	常住省	…	标签N
100	男	山东省	—	—
101	女	陕西省	—	—
102	男	河南省	—	—
103	女	江苏省	—	—

日期	用户ID	是否送礼物	在线时长（秒）	…	行为标签N
2024-03-23	100	是	1 200	—	—
2024-03-24	101	是	1 800	—	—
2024-03-24	102	否	1 000	—	—
2024-03-24	103	否	2 400	—	—

　　表4-6展示了基于明细行为的数据表结构设计，明细行为数据对行为的描述更加细致，以用户的点赞行为举例，每一次点赞数据都会被记录下来，数据中还包含被点赞的视频ID、点赞用户所使用的操作系统及网络类型。基于明细行为数据可以实现更加细致的人群圈选和功能分析。比如：圈选出3月1日至3月7日12：00到14：00之间，使用安卓系统进行登录的河南省女性用户；筛选出3月24日登录2小时之内发生了点赞行为的用户，然后分析其使用的网络类型分布情况。基于明细行为数据还可以进行行为分析，比如事件分析、留存分析、漏斗分析等。

表4-6　　　　　　　　　　　　基于明细行为的用户-行为模型表结构示例

用户ID	性别	常住省	…	标签N
100	男	山东省	—	—
101	女	陕西省	—	—
102	男	河南省	—	—
103	女	江苏省	—	—

日期	用户ID	时间戳（毫秒）	行为类型	属性	行为标签N
2024-03-23	100	1648108450890	登录	操作系统	安卓
2024-03-24	101	1648108450890	登录	网络类型	4G
2024-03-24	102	1648108461090	访问首页	操作系统	安卓
2024-03-24	103	1648109810010	点赞	视频ID	100

　　基于用户-行为模型，基本可以实现画像平台大部分功能。企业可以依据业务特点选择统计类行为数据或者明细行为数据，也可以同时结合两种数据来满足多样的业

务需求。

三、用户－行为－内容模型

有些情况下用户-行为模型（明细行为）不一定能满足圈选需求，当前可以圈选出对某指定视频有点赞行为的用户，但是关于该视频的其他信息无法考量进去，如果该视频属于搞笑类视频，要统计出对搞笑类视频有点赞行为的用户，最直接的方式是在写入明细行为数据的时候添加上视频分类信息，把"搞笑"作为点赞行为涉及的附加属性记录下来。但是这种方式不够灵活，当视频后续又添加了其他维度信息时，很难灵活扩展来支持更多维度的圈选和分析需求。而借助用户-行为-内容模型就可以解决这类问题，通过将行为中的某些属性关联到具体的内容数据表上，从而满足灵活的分析维度扩展需求。

表4-7展示了基于用户-行为-内容模型的数据表结构设计，通过将明细行为数据中的视频ID关联到更详细的视频内容信息中，可以支持对视频分类、视频时长等视频相关属性的圈选和需求分析。即使后续在视频内容表中增加了其他维度信息，该模型也可以灵活支持。当然，随着模型复杂度提高，系统的工程实现和维护成本也会增加，因此，需要根据自身业务及人力情况进行权衡。

表4-7　　　　　　　　基于用户-行为-内容模型的表结构示例

用户ID	性别	常住省	...	标签N
100	男	山东省	—	—
101	女	陕西省	—	—
102	男	河南省	—	—
103	女	江苏省	—	—

日期	用户ID	时间戳（毫秒）	行为类型	属性	行为标签N
2024-03-23	100	1648108450890	登录	操作系统	安卓
2024-03-23	101	1648108450890	登录	网络类型	4G
2024-03-23	102	1648108461090	访问首页	操作系统	安卓
2024-03-24	103	1648109810010	点赞	视频ID	100

视频ID	视频分类	视频时长（秒）	...	其他属性
200	搞笑	20	—	—
201	军事	100	—	—

以上介绍了常见的3种画像平台数据模型，随着模型复杂度的提升，工程实现难度不断提高，但是可支持的功能范围逐渐扩大。与技术架构一样，没有最好的模型，只有最适合业务的模型，企业可以根据实际功能需求灵活运用上述模型。

当然，用户画像并非一成不变，所以相应的模型和工具也需要具备一定的灵活性，能够根据用户的动态行为修正与调整相应的画像。

【任务实施】

一、学生分组讨论

（1）将上课班级划分成若干小组（每小组5~6人），每个小组派出2名学生回答教师的提问：①解释用户模型、用户-行为模型、用户-行为-内容模型（能够正确回答得60分，回答错误酌情扣10~60分）；②解释宽表和窄表（能够正确回答得10分，回答错误扣5~10分）。

（2）教师检查小组任务完成情况（按时并保质完成任务的30分，不符合要求的酌情扣分）。

二、教师记录小组成绩

第（　　）次成绩记录表

小组成员		
姓名	学号	组内分工

评价内容	教师评分	评价标准（满分100分）	考核等级
会分析模型（40分）		优：≥90分 良：80~89分 中：70~79分 及格：60~69分 差：<60分	
会区分3种用户模型（30分）			
完成本项目的任务二（30分）			

教师点评：   教师签名：

年　　月　　日

任务三　金融行业用户画像实践

任务导入

用户画像标签如下：

性别：男

年龄：25～45 岁

风险偏好：稳健

产品偏好：中期投资

渠道：理财 App

营销响应：短信响应高

动态标签：理财产品即将到期

任务要求：

请制定相应的营销策略。

学而思，思而学

从前，南非兴起过一股淘金热。出产黄金的山区靠近荒漠，气候干燥，水源短缺，在那里挖金砂的人常因缺水而口渴难耐，他们常常一边爬山寻金矿一边不住地抱怨：要是有人能给我一壶凉水，我宁愿把一两金子给他作交换。一个年轻人从中得到启示，于是他放弃了找金矿的念头，开始挖水渠，将几千米外的河水引到了山下，将河水沉淀、过滤、消毒之后制成了一瓶瓶清凉可口的饮用水，卖给找金矿的人们。2 年后年轻人成了百万富翁。

请问这个故事对你的启示有哪些？

（提示：善于思索，善于观察，善于发现，才能抓住常常被别人忽视的机遇，寻找到合适的投资市场。）

【任务准备】

完成本次任务，你需要掌握以下知识：

不同企业对于用户画像需求的信息完全不一样，信息维度也不同，对画像结果要求也不同。每个行业都有一套适合自己行业的用户画像方法，但是其核心都是为客户服务，为业务场景服务。

进入移动互联网时代，金融业务地域限制被打破，金融企业没有固定的业务区域。金融消费者逐渐年轻化，80后、90后成为客户主体，他们的消费意识和金融意识在增强。金融服务正在从以产品为中心转向以消费者为中心。金融行业面对的最大挑战是消费者的消费行为和消费需求的转变，金融企业迫切需要为产品寻找目标客户和为客户定制产品。

小贴士 4-10

参考金融企业的数据类型和业务需求，可以将金融企业用户画像工作进行细化。基本上从数据集中到数据处理，从强相关数据到定性分类数据，从引入外部数据到依据业务场景进行筛选目标用户。

一、画像相关数据的梳理

（一）画像相关数据的整理和集中

1.内部信息

金融企业的内部信息分布在不同的系统中，一般情况下，人口属性信息主要集中于客户关系管理系统，信用信息主要集中于交易系统、产品系统和客户关系管理系统，消费特征主要集中于渠道和产品系统。

2.外部信息

兴趣爱好和社交信息需要从外部引入。例如客户的行为轨迹可以代表其兴趣爱好和品牌偏好，移动设备的位置信息可以提供较为准确的兴趣爱好信息。社交信息可以借助金融企业自身的文本挖掘能力进行采集和分析，也可以借助厂商的技术能力在社交网站上直接获得。

社交信息往往是实时信息，商业价值较高，转化率也较高，是大数据预测方面的主要信息来源。

例如用户在社交网站上提出罗马哪里好玩的问题，就代表用户未来可能有出国旅游的需求；如果客户对比了两款汽车的优劣，客户购买汽车的可能性就较大。通过这些信息，金融企业就可以及时介入，为客户提供金融服务。

小贴士 4-11

客户画像数据主要分为五类：人口属性、信用信息、消费特征、兴趣爱好、社交信息，这些数据分布在不同的信息系统。金融企业都上线了数据仓库（DW），所有与画像相关的强相关信息都可以从数据仓库里整理和集中，并且依据画像商业需求，利用跑批作业、加工数据，生成用户画像的原始数据。

数据仓库成为用户画像数据的主要处理工具，依据业务场景和画像需求将原始数据进行筛选、分类、归纳、加工等，生成用户画像需要的原始数据。

　　用户画像的维度信息不是越多越好，只需要找到同五类画像信息强相关信息、同业务场景强相关信息、同产品和目标客户强相关信息即可。根本不存在360度的用户画像信息，也不存在可以完全了解客户的丰富的信息，另外数据的时效性也要重点考虑。

（二）找到同业务场景强相关数据

　　强相关信息是指同业务场景强相关信息，可以帮助金融企业定位目标客户，了解客户潜在需求，开发需求产品。依据用户画像的原则，所有画像信息应该是人口属性、信用信息、消费特征、兴趣爱好、社交信息这五大分类的强相关信息。只有强相关信息才能帮助金融企业有效结合业务需求，创造商业价值。例如，姓名、手机号、家庭地址就是能够触达客户的强人口属性信息，收入、学历、职业、资产就是客户信用信息的强相关信息。差旅人群、境外游人群、汽车用户、母婴人群的消费信息就是消费特征的强相关信息。摄影爱好者、游戏爱好者、健身爱好者、电影爱好者、户外爱好者的兴趣爱好信息就是客户兴趣爱好的强相关信息。在社交媒体上发表的旅游需求、理财咨询、汽车需求、房产需求等信息代表了用户的内心需求，是社交信息场景应用的强相关信息。

　　金融企业内部信息较多，在用户画像阶段不需要对所有信息都采用，只需要采用同业务场景和目标客户强相关的信息即可，这样有助于提高产品转化率，提高投资回报率，有利于便捷地找到业务应用场景，在数据变现过程中也容易实现。

　　小贴士 4-12

　　将用户画像工作搞得过于复杂，同业务场景关系不大，会让很多金融企业失去用户画像的兴趣，看不到用户画像的商业价值，不愿意在大数据领域投资。为企业带来商业价值才是用户画像工作的主要动力和目的。

（三）对数据进行分类和标签化

　　小贴士 4-13

　　将定性信息进行定量分类是用户画像的一个重要工作环节，具有较高的业务场景要求，能够考验用户画像商业需求的转化。金融企业集中了所有信息之后，依据业务需求，对信息进行加工整理，需要对定量的信息进行定性，方便信息分类和筛选。

　　将定性信息进行定量分类，目的是将复杂的数据简单化，将交易数据进行归类，并且融入商业分析的要求，对数据进行商业加工。

　　将定量信息进行归纳定性，并依据业务需求进行标签化，有助于金融企业找到目标客户，并且了解客户的潜在需求，为金融企业的产品找到目标客户，进行精准营销，降低营销成本，提高产品转化率。另外，金融企业还可以依据客户的消费特征、兴趣爱好、社交信息及时为客户推荐产品、设计产品、优化产品流程，从而提高产品销售的活跃度，更好地为客户服务。

（1）自然属性标签。自然属性就是客户基础信息，如姓名、性别、出生日期等，这些信息从系统中就可以获取。将客户按照年龄区间分为学生、青年、中青年、中年、中老年、老年等人生阶段。各人生阶段的金融服务需求不同，因此在寻找目标客户时，可以通过不同人生阶段进行目标客户定位。比如，定期产品最大的特征就是能够保证收益，投资风险低，而50岁以上的客户，其资产和收入比较稳定，投资和风险意识比较保守，那么在营销定期产品时，就可以重点筛选50岁以上的客户。

（2）行业属性标签。不同行业之间共性特征也不一样。企业可以根据行业的不同分析出客户的收入水平。比如，教师给人的印象是收入稳定、储蓄能力强、金融理念保守。当向从事教师职业的客户营销时，针对此类职业客户的共性特征，企业在设计营销话术和处理异议的应对方法上就更有方向性。

当然，行业属性并不是一个固定属性，在系统中的原始数据可能并不准确，需要企业不断地进行更新。

（3）金融属性标签。金融属性就是客户目前投资理财的情况，根据客户在本行或他行投资的情况，分析客户理财观念和风险承受能力。比如，客户在本行持有定期，那么就要看一看是大额存单还是结构性存款，是1年期的还是3年期的，这些才是需要重点关注的信息。如果客户在本行持有基金产品，首先要了解他持有的是哪些基金，最近受市场影响的波动大不大，这些基金还有没有升值空间，这样就可以为客户提供一些专业的市场分析和建议。

（4）资产属性标签。资产属性就是按照客户在银行持有的资产进行划分。以高净值客户和临界客户为例，高净值客户的标签是忠诚度好、资产多，那么对这类客户的维护频率要高。如果是临界客户，就要挖掘他在他行的资金潜力。如果按照产品起步金额去设定临界标准，在产品推荐上就可以做到精准营销。比如，大额存单产品，一般起购金额为20万元，那么提升15万~20万元之间的客户，将会更容易做到精准营销。

（5）社交属性标签。客户的社交属性在系统中是查不到的，这就需要平时与客户沟通时，多了解客户身边的朋友、交往的人群及其社会关系，从而判断出这类客群存在的共性特征。在面对陌生客户时就可以根据这些属性进行粗略推算，从而了解他的社交群体。比如，我们知道某客户经营一个公司，那么他社交的圈子中应该是商务人士居多，这类客户群的普遍特征是资产多、资金流动性大。针对这些标签，首先分析客户的需求点和关注点在哪里，其次分析能够给这些客户提供哪些帮助，最后再去进行营销，就会更加得心应手。

（6）兴趣属性标签。兴趣属性就是了解客户的个人爱好和参与活动情况。比如，通过客户的朋友圈发现客户经常晒一些跑步、钓鱼的照片，并且经常坚持做这些事情，那么这就是客户的长期兴趣。在进行客户维护时，选择钓鱼工具等作为礼品送给客户，就要比送米面油更加有吸引力。

二、依据业务需求引入外部数据

金融机构自身的数据不足以囊括客户的所有消费特征、兴趣爱好、社交信息等。因此，金融机构可以引入外部信息来丰富客户画像信息。金融机构外部数据是指为实现金融机构特定的业务目标，通过采购、合作、自主采集等方式，由外部引入的数据。

（一）外部数据引入要素

金融机构在引入外部数据时，数据所需具备的基础要求包括真实性、准确性、连续性、完整性、及时性五个方面。

（1）真实性。数据来源真实可靠，数据内容未经篡改。

（2）准确性。数据解析准确，不出现乱码、错位、错值、空值等数据错误。

（3）连续性。数据提供稳定、持续，不出现可引起业务停滞的重大服务中断事故。

（4）完整性。所提供的数据覆盖范围广，数据完备程度高，可支撑业务决策。

（5）及时性。数据返回时间、数据更新时间符合金融机构业务需求，数据及时有效。

小贴士 4-14

实际上，基于银行业金融机构的具体业务需求，外部数据的真实、准确、完整，以及数据服务的连续、及时，已经成为外部数据供应商所必备的基础能力，无法达到以上标准的外部数据，根本无法进入金融机构内部进行业务应用。

（二）外部数据的分类

数据分类是管理体系合理规划、数据安全合理管控的基础，是迈向数据精细化管理的重要一步。对数据进行分类不仅是加强数据交换共享、提升数据资源价值的前提条件，也是数据安全保护的必要条件。对于复杂难懂、体量庞大的外部数据而言，如何实现有效的分类管理尤其重要。合理的外部数据分类一方面能够帮助金融机构细化外部数据管理，从引入、使用、共享到退出环节明确数据源垂直管理，优化平台工具的建设；另一方面，分类以及在此基础上的分级能够帮助金融机构厘清数据保护重点，对不同级别的数据实施不同的保护，保障重要敏感数据的安全，有助于防控数据风险、保障数据交易，释放数据价值。

表4-8、表4-9、表4-10是较为成熟的分类体系代表，分别从数据种类、数据主体、数据服务方式三个维度对常见外部数据进行分类。

表4-8   **按照数据种类分类**

数据种类	类别描述
检验类	检验类数据是指根据客户提供的原始信息进行一致性和准确性校验的数据，主要包括学籍学历核验、发票核验、驾驶证核验等数据
评分类	评分类数据是指对客户敏感信息进行统计分析形成的区间化、分级化的评分结果，包括收入水平评分、工作稳定性评分、反欺诈评分等数据
标签类	标签类数据是指对客户敏感信息进行统计分析形成的模糊化的客户标签，包括客户房产标签、借贷意向标签等数据
黑名单类	黑名单类数据是指被惩治或有违反嫌疑而被列入黑名单机构的注意者秘密名单的数据，通常是自然人和法人因违反道德底线事实、违反社会责任底线事实、失信事实等原因而被列入相关权威机构的黑名单库中，包括逾期黑名单、公安黑名单、司法涉诉与行政处罚黑名单等数据
金融市场类	金融市场类数据是指金融市场行情、行业指数等数据，包括股票、基金、期货、债券等金融产品价格指数数据
价格评估类	价格评估类数据是指通过商品计价原则、标准和市场供求情况，评估得出的商品价格数据，包括车辆价值评估、房产价值评估等
其他类	这是指以上分类之外的数据，包括公开的工商数据、Wind终端数据、资讯报告、法律法规与司法案件数据、天气数据等

表4-9   **按照数据主体分类**

数据主体	类别描述
个人数据	个人数据是指与个人核验类相关的数据，如个人车产、个人征信、个人房产、个人风控、个人健康、个人司法类等相关数据
企业数据	企业数据是指与企业经营相关的数据，如企业注册、企业征信、企业风险、企业资讯等相关数据
其他数据	这是指以上分类之外的数据，如舆情数据、天气数据、位置数据、地图数据等

表4-10   **按照数据服务方式分类**

数据服务方式	类别描述
接口类	接口类数据是指供应商通过互联网传输协议，如HTTPS等提供的接口数据服务
批量文件类	批量文件类数据是指供应商通过服务器，如SFTP等提供的文件类数据库服务
终端账号及报告类	终端账号及报告类数据是指供应商通过数据库网站、研究报告等形式提供的数据服务
其他类	这是指与供应商通过联合建模、隐私计算等新技术形式实现的数据服务

三、金融行业用户画像实践

（一）银行用户画像实践

　　银行的数据类型和总量较多（具有丰富的个人属性数据、资产数据、信用数据、交易数据等，缺少社交信息和兴趣爱好信息），系统也很多。可以严格遵循用户画像的五大步骤，先利用数据仓库进行数据集中，筛选出强相关信息，对定量信息定性化，生成DMP需要的数据。然后利用DMP进行基础标签和应用定制，结合业务场景需求，进行目标客户筛选和对用户进行深度分析。同时利用DMP引入外部数据，完善数据场景设计，提高目标客户精准度。银行数据类型如图4-4所示。

个人属性	资产数据	信用数据	交易数据
姓名	活期	职业	超市
性别	定期	收入	餐饮
年龄	理财	额度	交通
家庭住址	基金	学历	旅游
电话	保险	评级	酒店
邮箱	房产	分数	商场
身份证号码	汽车		娱乐

图4-4　银行数据类型

　　数字化营销是在网上进行业务办理，银行不能直接接触客户，无法了解客户需求，缺少触达客户的手段，因此，分析客户、了解客户、找到目标客户、为客户设计其需要的产品，成了银行进行用户画像的主要目的。

> **小贴士 4-15**
>
> 　　银行的主要业务需求集中在消费金融、财富管理、融资服务方面，用户画像要从这几个角度出发，寻找目标客户。

　　（1）寻找分期客户。利用银联数据+自身数据+信用卡数据，发现信用卡消费超过其月收入的用户，推荐其进行消费分期。

　　（2）寻找高端资产客户。利用银联数据+移动位置数据（别墅/高档小区）+物业费代扣数据+银行自身数据+汽车型号数据，发现在本行资产较少，在其他行资产较多的用户，为其提供高端资产管理服务。

　　（3）寻找理财客户。利用自身数据（交易+工资）+理财客户端/电商活跃数据，发现将工资/资产转到外部，但是电商消费不活跃客户，其互联网理财可能性较大，可以为其提供理财服务，将资金留在本行。

　　（4）寻找境外游客户。利用自身卡消费数据+移动设备位置信息+海外社交账号强相关数据（攻略、航线、景点、费用），寻找境外游客户为其提供金融服务。

　　（5）寻找贷款客户。利用自身数据（人口属性+信用信息）+移动设备位置信息+

社交/购房/消费强相关信息，寻找即将购车/购房的目标客户，为其提供金融服务（抵押贷款/消费贷款）。

（二）保险行业用户画像实践

保险公司内部的交易系统不多，交易方式不是很复杂，数据主要集中在产品系统和交易系统之中，客户关系管理系统中也包含丰富的信息。保险公司拥有的主要数据有个人属性信息、家庭信息、信用信息、产品销售信息等，但缺少兴趣爱好、消费特征、社交等信息，如图4-5所示。

个人属性	家庭	信用	产品销售
姓名 性别 年龄 家庭住址 电话 邮箱	家庭成员 年龄 职业 收入 学历	收入 职业 学历	超市 购买时间 购买类型 购买金额

图4-5　保险数据类型

保险产品主要有寿险、车险、保障、财产险、意外险、养老险、旅游险等。保险行业用户画像的业务场景都是围绕保险产品进行的。

（1）依据自身数据（个人属性）+外部养车App活跃情况，为保险企业找到车险客户。

（2）依据自身数据（个人属性）+移动设备位置信息，为保险企业找到商旅人群，推销意外险和保障险。

（3）依据自身数据（家人数据）+人生阶段信息，为用户推荐财产险、寿险、保障险、养老险、教育险等。

（4）依据自身数据+外部数据，为高端人士提供财产险和寿险。

（三）证券行业用户画像实践

证券行业拥有的数据类型有个人属性信息（如用户姓名、电话、家庭住址、邮箱等），资产数据信息（如交易用户的资产和交易记录），收益数据信息、股票交易信息等。证券公司可以利用这些数据信息建立业务场景，筛选目标客户，为用户提供适合的产品，同时提高单个客户收入。证券公司数据类型如图4-6所示。

个人属性	资产数据	收益数据	股票交易
姓名 性别 年龄 家庭住址 电话 邮箱	股票资产 货币资产	年化收益 盈利/亏损	交易频次 交易时间 交易金额

图4-6　证券公司数据类型

证券公司主要业务来源于交易佣金、IPO咨询/并购财务费用、财富管理，因此，证券公司可以利用用户画像数据来进行产品设计。

（1）理财客户：账户日均货币余额高的客户+交易不频繁客户。

（2）基金目标客户：投资年化收益率低于5%的客户+交易不频繁客户。

（3）融资客户：高频交易+收益较高的客户。

（4）财富管理客户：账户余额很高，但是年化收益率很低的客户+交易不频繁客户。

【任务实施】

一、学生分组讨论

（1）将上课班级划分成若干小组（每小组5~6人），每个小组派出2名学生回答教师的提问：①什么是内部信息和外部信息（能够正确回答得40分，回答错误酌情扣10~40分）；②找到同业务场景强相关数据（能够正确回答得30分，回答错误酌情扣10~30分）。

（2）教师检查小组任务完成情况（按时并保质完成任务得30分，不符合要求酌情扣分）。

二、教师记录小组成绩

第（　　）次成绩记录表

小组成员		
姓名	学号	组内分工

评价内容	教师评分	评价标准（满分100分）	考核等级
找出内部信息和外部信息各4个以上（40分）		优：≥90分	
找出强相关数据4个以上（30分）		良：80~89分	
完成本项目的任务三（30分）		中：70~79分 及格：60~69分 差：<60分	

教师点评：

教师签名：

年　　月　　日

综合训练

一、概念识记

用户画像   用户模型   宽表   窄表   数据建模

二、单选题

1.客户画像主要用于（   ）目的。

A.市场营销策略制定   B.企业内部管理

C.产品定价   D.财务报告

2.在创建客户画像时，（   ）信息不是必需的。

A.客户的基本信息   B.客户的行为习惯

C.客户的购买历史   D.客户的星座

3.以下（   ）项不是客户画像分析中常用的人口统计信息。

A.年龄   B.性别   C.职业   D.个人爱好

4.客户画像分析中的"痛点"指的是（   ）。

A.客户的不满意点或问题   B.客户的购买决策点

C.客户的忠诚度   D.客户的支付能力

5.在客户画像分析中，以下（   ）项不是常用的分析工具。

A.问卷调查   B.数据挖掘

C.社交媒体分析   D.物理实验

6.以下关于用户画像的说法中，错误的是（   ）。

A.用户画像是虚构的

B.用户画像代表的是一个用户

C.用户画像建立于对真实用户的研究和观察

D.用户画像越早创建越好

7.以下关于用户画像的说法中，错误的是（   ）。

A.用户画像也叫人物模型

B.用户画像，是交互设计中一个独特而强有力的工具，它一定是具体真实的用户

C.用户画像包括范围层、战略层、框架层、结构层、表现层

D.用户画像的特性来源于研究众多真实用户的行为和动机

8.属于客户信用信息的是（   ）。

①姓名、手机号；②身份证号、家庭地址；③收入情况、支付能力；④资产、负债

A.①②   B.①②③   C.①②③④   D.③④

9.银行大数据应用可以分为四大方向，它们分别是客户画像、运营优化、风险管控和（   ）。

　A.数据建模　　　　　B.系统开发　　　　　C.精准营销　　　　　D.业务咨询

10.征信大数据的挖掘分析技术包括（　　）。

　A.离线数据处理引擎　　　　　　　　B.实时数据处理引擎

　C.数据分析技术　　　　　　　　　　D.以上都是

11.不属于官方数据的是（　　）。

　A.央行数据　　　　　　　　　　　　B.销售数据

　C.公安系统数据　　　　　　　　　　D.法院数据

　E.工商数据

12.不属于民间数据的是（　　）。

　A.生产数据　　　　　　　　　　　　B.流通数据

　C.运营数据　　　　　　　　　　　　D.财务数据

　E.社保数据

13.以下（　　）选项不包含在用户画像的维度里面。

　A.人口属性　　　　　　　　　　　　B.认知行为

　C.信用属性　　　　　　　　　　　　D.消费特征

14.用户画像不包括（　　）。

　A.用户是谁　　　　　　　　　　　　B.性格特征

　C.消费偏好　　　　　　　　　　　　D.消费能力

15.某公司建立的用户画像（标签化的用户信息）包括人口属性和行为特征两大类，（　　）属于行为特征。

　A.性别　　　　　　　　　　　　　　B.年龄段

　C.消费偏好　　　　　　　　　　　　D.工作地点

16.下列不属于用户画像中的客观显性属性的是（　　）。

　A.地域　　　　　　　　　　　　　　B.性别

　C.行业特征　　　　　　　　　　　　D.爱好

17.关于用户画像下列说法中不正确的是（　　）。

　A.帮助我们形象地了解目标用户的行为特征

　B.帮助我们判断用户需求

　C.用户画像是真实的形象

　D.尽可能地包含体现用户核心特征的细节描述

18.下列选项中不属于用户画像范畴的是（　　）。

　A.听音乐、看电影　　　　　　　　　B.年龄、性别

　C.品牌偏好　　　　　　　　　　　　D.职业收入

19.用户画像四个维度，对投资顾问服务客户最重要的维度是（　　）。

　A.基本属性　　　　　　　　　　　　B.资产属性

　C.风险偏好属性　　　　　　　　　　D.其他属性

20.以下说法中错误的是（　　）。

A.用户画像是对目标用户群体多维度的描述和刻画

B.用户画像是用户的自拍

C.用户画像是用更细的颗粒度对用户进行描绘

D.用户画像实际上是用户信息的标签化

三、多选题

1.以下（　　　）属于用户画像的组成元素。

A.基本信息（如性别、年龄、教育程度等）

B.用户目标（如做某件事的目标、人生目标等）

C.用户照片和名字

D.用户困扰（如做某件事的痛点或阻碍）

2.以下属于用户画像分析方法的有（　　　）。

A.用户问卷调研

B.用户场景研究（用户访谈）

C.数据定量统计

D.用户数据提取

3.构建用户画像最核心的工作是（　　　）。

A.针对用户标签分析用户特征　　　　　B.数据挖掘

C.提高服务水平　　　　　　　　　　　D.精准营销

4.数据画像是指根据用户（　　　）的信息而抽象出来的标签化用户模型。

A.基本信息　　　　　　　　　　　　　B.信用属性

C.消费信息　　　　　　　　　　　　　D.行为信息

E.社交信息

5.以下属于数据的有（　　　）。

A.客户量、业务量、营业收入额、利润额

B.文本、图片、音频、视频

C.通话录音、位置信息

D.点评信息、交易信息、互动信息

6.数据画像是指根据用户（　　　）的信息而抽象出来的标签化用户模型。

A.基本信息　　　　　　　　　　　　　B.信用属性

C.消费信息　　　　　　　　　　　　　D.行为信息

E.社交信息

7.评分卡综合个人客户的（　　　）维度信息。

A.基本情况　　　　　　　　　　　　　B.偿债能力

C.信用状况　　　　　　　　　　　　　D.还款意愿

8.用户画像包括（　　　）维度。

A.基本属性.　　　　　　　　　　　　　B.资产属性

C.风险偏好属性　　　　　　　　　　D.其他属性

9.金融类客户主要是从（　　　）这些维度设置标签。

A.金融属性　　　　　　　　　　　　B.兴趣爱好

C.社会属性　　　　　　　　　　　　D.身高、体重、星座

10.大数据在当下时点上爆发的原因有（　　　）。

A.互联网的收集和积累

B.各种传感器无时无刻不在为我们提供大量的数据

C.各种智能设备无时无刻不在为我们提供大量的数据

D.各种监控设备无时无刻不在为我们提供大量的数据

11.以下说法中正确的是（　　　）。

A.用户画像是用户信息标签化总集

B.用户画像是对单个用户的特征进行描述

C.真实的用户数据就是用户画像的画笔

D.用户画像关注的是全体用户

12.以下（　　　）属于静态数据。

A.人口属性　　　　　　　　　　　　B.空间属性

C.行为特征　　　　　　　　　　　　D.社交属性

13.以下说法正确的是（　　　）。

A.金融企业内部的信息分布在不同的系统中

B.一般情况下，人口属性信息主要集中在客户关系管理系统

C.信用信息主要集中在交易系统、产品系统、客户关系管理系统中

D.消费特征主要集中在渠道和产品系统中

14.以下说法正确的是（　　　）。

A.兴趣爱好和社交信息需要从外部引入

B.社交信息可以借助金融行业自身的文本挖掘能力进行采集和分析

C.社交信息可以借助厂商的技术能力在社交网站上直接获得

D.客户的行为轨迹可以代表其兴趣爱好和品牌爱好

15.以下属于自然属性标签的有（　　　）。

A.姓名　　　　　　B.性别　　　　　　C.出生日期　　　　　　D.兴趣

16.数据所需具备的基础要求有（　　　）。

A.真实性　　　　　　　　B.准确性　　　　　　　　C.连续性

D.完整性　　　　　　　　E.及时性

17.保险公司的主要数据有（　　　）。

A.人口属性信息　　　　　　　　　　B.信用信息

C.产品销售信息　　　　　　　　　　D.兴趣爱好

E.消费特征

18.以下说法正确的是（　　　）。

A.用户画像关注的是全体用户

B.用户画像关注的是某一个细分群体

C.用户画像关注的是一个精准的群体

D.用户画像关注的是一个细分的利基市场

19.以下关于大数据时代用户画像的步骤正确的是（　　　）。

A.基础数据采集　　　　　　　　　B.构建画像

C.人工采集画像　　　　　　　　　D.数据建模

20.在大数据背景下，用户画像是根据以下（　　　）等信息而抽象出的一个标签化的用户模型。

A.用户人口学特征　　　　　　　　B.网络浏览内容

C.网络社交活动　　　　　　　　　D.消费行为

四、判断题（每题1分，共5分）

1.用户画像的创建只需要考虑目标市场中的典型客户。　　　　　　　　（　　）

2.用户画像一旦创建完成，就不需要再进行更新或维护。　　　　　　　（　　）

3.用户画像分析只对B2C企业有价值，对B2B企业没有帮助。　　　　（　　）

4.用户画像中的"心理特征"包括客户的个人价值观、生活方式和品牌偏好。

（　　）

5.用户画像分析可以帮助企业降低市场推广成本，提高营销效率。　　　（　　）

6.不是有了用户画像，便能驱动和提高业务。而是为了驱动和提高业务，才需要用户画像。　　　　　　　　　　　　　　　　　　　　　　　　　　　（　　）

7.用户画像是对单个用户的特征进行描述。　　　　　　　　　　　　　（　　）

8.用户画像是对一群人特征的抽象。　　　　　　　　　　　　　　　　（　　）

9.用户画像是用户信息标签化总集。　　　　　　　　　　　　　　　　（　　）

10.标签的选择会直接影响到最终画像的丰富度与准确度。　　　　　　　（　　）

11.数据是构成用户画像的基础，没有数据的话，用户画像也无从说起。（　　）

12.用户画像的本质，实际就是"标签化"的用户行为特征。　　　　　　（　　）

13.画像越清晰，越懂用户。　　　　　　　　　　　　　　　　　　　　（　　）

14.用户画像并非一成不变，所以相应的模型和工具也需要具备一定的灵活性，能够根据用户的动态行为修正与调整相应的画像。　　　　　　　　　　　（　　）

15.不同企业对于用户画像需求的信息完全不一样，信息维度也不同，对画像结果要求也不同。　　　　　　　　　　　　　　　　　　　　　　　　　　（　　）

16.用户角色是一种抽象的方法策略，是目标用户的集合。　　　　　　　（　　）

17.用户画像不是静态的，而是动态变化的。　　　　　　　　　　　　　（　　）

18.用户画像，是针对某一个具体用户，汇总他身上的标签，得到该用户标签合集的结果。　　　　　　　　　　　　　　　　　　　　　　　　　　　　（　　）

19.社交信息往往是实时信息，商业价值较高，转化率也较高，是大数据预测方

面的主要信息来源。 （　　）

20.强相关信息是指同业务场景强相关的信息。 （　　）

五、简答题

1.描述客户画像分析中的"行为特征"通常包括哪些方面？

2.为什么企业需要定期更新客户画像？

六、实战演练

假设你是一家电子商务公司的市场分析师，你的任务是基于以下信息创建一个客户画像，并提出相应的市场策略建议。

客户基本信息：张女士，35岁，已婚，有一子，职业为中学教师，年收入约30万元。

行为习惯：喜欢在线购物，偏好品牌商品，经常浏览社交媒体，对教育产品有较高关注度。

购买历史：过去一年内购买了儿童图书、家庭厨具和个人护理产品。

项目五

客户旅程地图

职业目标

职业知识：
- 了解构建客户旅程地图的核心要素及应用范围，了解客户旅程地图的优势。

职业能力：
- 能绘制客户旅程地图，掌握金融业客户旅程编排实战。

职业素养：
- 热情周到，竭诚服务。

项目导读

在数字化时代，客户可以通过互联网随时、随地、随需地使用互联网消费金融服务。客户触点的爆发式增长使得单一触点的交互已经无法满足和反映客户体验的真实水平。

客户旅程能为企业提供实时的个性化的高质量的客户体验，它讲述了客户经历的故事：从初次接触，形成契约，到形成长期合作关系。它可以关注体验中特定的部分，也可以给出一个完整体验的全貌。它可用于确定客户与组织的关键交互行为，它讲述了客户的感受、动机以及在每一个触点遇到的问题。

客户旅程不仅可以当作研究和设计的辅助工具，同时也是数字化时代贯穿于企业战略转型、文化建设、体验设计交付、测量等各环节的运营模式和框架。

为了更好地理解客户的需求并提供更加便捷的服务，越来越多的金融机构意识到数字化转型的重要性并积极开展数字化建设，并基于数字技术的应用，围绕"以客户为中心"的经营理念，为客户提供良好的体验和个性化的服务。

任务一　客户旅程地图使用场景

以下是客户到店试乘试驾场景。

小乔准备购买一辆纯电的新能源汽车作为上下班通勤的工具。他听说一家汽车品牌的电动车非常不错，就开始获取相关信息，于是有了以下操作：

①预约试乘试驾：小乔通过品牌的官方网站或手机 App 预约了一次试乘试驾。他在预约时提供了个人信息和偏好，例如年龄、试驾时间、车型等。

②到店咨询：在试驾的预约时间，小乔到达了该汽车品牌的展厅。热情的销售顾问接待了他，并进行了登记。销售顾问根据小乔的预约信息，确认了试驾车辆的准备情况。

③销售顾问解说与介绍：销售顾问向小乔详细介绍了待试驾的车型，包括车辆的特点、性能、配置等。销售顾问还回答了小乔的问题，解释了一些技术细节和使用说明。

④试乘试驾：小乔进入了试驾车辆，销售顾问为他提供了必要的安全指导和操作说明。小乔开始试驾，他体验到了电动车的独特魅力，包括静音驾驶、顺畅加速等。

⑤下订单：试乘试驾结束后，小乔对这款车型产生了浓厚的兴趣。他与销售顾问进一步沟通，了解购车流程、价格、支付方式等信息。最终，小乔定下了这款车型，并与销售顾问确认了交付时间和交付方式。

任务要求：

请以一个购车用户的视角描述客户旅程地图的制定步骤（具体应用）。

学而思，思而学

北京的王先生因为差点错过保单交费期，而在寿险 App 上抱怨了几句："希望能多一些提醒，交费方式再多一些"。

之后，王先生偶然发现手机 App 上有一个续期服务提醒，告知他有两张保单需要交费。他赶忙点击链接，完成了交费。除了显示待交费信息外，这个寿险 App 还可以添加手机日历闹钟提醒、变更银行账户授权扣款、一键下载电子发票等。

试讨论如何提高客户的获得感、幸福感、安全感。

（提示：立足客户需求，深耕客户体验，持续迭代优化客户服务流程，努力把服务做到更好、把体验做到更优，不断推进公司服务创新转型升级。）

【任务准备】

完成本次任务，你需要掌握以下知识：

一、什么是客户旅程地图

客户旅程地图，顾名思义，就是以图形化的方式直观地再现客户与企业品牌、产品或服务产生关系的全过程（而非某一节点），以及过程中顾客的需求、体验和感受。这个过程是指从客户接触企业广告开始，到咨询、比较、购买、使用、分享用户体验，最后以升级、更换或选择其他品牌产品结束。由于这个过程包含了很多客户与企业的触点和真实的场景，因此客户旅程地图也被称为"触点地图"。客户旅程地图可以帮助企业从客户的视角来重新检视其业务或服务是否在每一个触点上都真正满足了客户的需求，而不是自以为满足了客户的需求。

二、客户旅程地图的用途

我们以一份关于"客户选择并入住民宿"的客户旅程地图为例，来分析一下绘制客户旅程地图的用途。

通过绘制客户旅程地图，客户经理可以全方位地观察客户一次入住经历，从客户目标中可以明确客户在每个阶段不同的需求点。例如在找房阶段，客户期待的是干净、性价比高且位置好的房子。

通过绘制客户旅程地图，客户经理可以发现产品在各个环节中所存在的缺点，从而采取改进措施。例如，客户找房阶段在痛点这一栏中明确标注了产品的问题，如"房屋描述有大段文字，很难区分重要信息"，那么客户经理可以对房屋描述进行改进，从而给予客户更好的选房体验。

通过绘制客户旅程地图，客户经理可以预测客户在具体情境中的特定行为。例如，在客户旅程图中有游玩的计划，客户经理可以提前为客户推荐价格、距离合适的游玩地以及餐厅，主动为客户提供帮助，从而提升客户体验感。

三、客户旅程地图的应用

工欲善其事，必先利其器。客户旅程地图是一个协作工具，也是一个沟通工具，客户旅程地图有很多使用场景。

（一）客户旅程地图应用于工作中

金融企业面对的客户来自于各行各业，有的是互联网公司，有的是正处于数字化转型中的传统企业。要在较短的时间内从一个领域切换到一个新的领域，就需要掌握用户旅程地图，引导客户共同理清业务流程，找到问题所在，从而设计出针对性强的业务方案。

视野拓展5-1

客户旅程地图在金融产品上的应用

（二）客户旅程地图应用于生活中

客户旅程地图可以帮助我们快速理清复杂事务的脉络。比如，你有一套新房需要装修，而你对装修行业一无所知，你跑了很多装修公司，又上网了解了诸多装修相关的知识，但这些知识很零散，你依然对自己接下来要做什么感到迷茫。这时，你就可以使用客户旅程地图梳理出在新房装修这一过程中有哪些关键事项，如墙体改造、水电改造、瓦工、墙面处理、厨卫、安装门窗、家具、软装等。它们之间是否相互依赖，先后顺序是怎样的。然后再从每一个关键活动中分解出具体行为，比如瓦工部分包括采购地砖墙砖、采购水泥砂浆、铺墙砖、铺地砖、防水测试、做美缝等。这样，在开始装修之前，你就对装修过程有了全面的认识，从而制订合理的计划、作出正确的决策。

（三）客户旅程地图应用于学习中

我们还可以使用客户旅程地图来梳理学习路径。比如，你要学习一门外语时，可以设计阶段性的目标，并为每个目标拆分出具体的、可量化的行为，添加学习材料作为触点。你也可以记录自己学习过程中的心情和体验，从而激励自己或者改进学习方法。

随着智能手机的普及和移动终端的快速发展，企业和用户之间的联系更加紧密。无论是线上还是线下，用户旅程可以从任何数字渠道中的任意一个阶段直接进入，并获取相关产品和服务。

盒马鲜生围绕用户旅程策划营销精准捕捉客户，从知晓、兴趣、研究、购买到分享，基于这些不同的用户旅程阶段，来对应安排不同的品牌推广策略。

案例透析5-1

盒马鲜生零售企业

对处于初次接触、产生兴趣、销售转化、成交节点等不同阶段的客户，根据受众的不同，企业可以制定不同的响应策略、孵化策略、销售跟进策略和售后服务策略。比如有新客接待与体验优化、精准内容触达促进转化、售后关怀与唤醒激活等不同的核心运营流程。

小贴士 5-1

绘制一张好的用户体验旅程图的关键不在于流程的完整性或者触点的多样性，而在于关键时刻选取的准确性。某航空公司想要提高头等舱售卖率（头等舱毛利高），对比了多家航空公司并梳理了用户旅程，一共发掘了几百个触点，最后发现关键触点不过10个，其中最重要的是情绪高点和低点。

对于头等舱客户而言，最重要的时刻是睡眠。因为头等舱客户多为商务人士，他们希望吃好睡好，落地后马上可以投入工作。于是这家航空公司提供了铺床服务，并且赠送了联名款梳洗包，动员客户拍照分享，加深记忆点。由于高空味觉失灵，食物做得再好吃效果也不明显，于是该航空公司在餐具上下功夫，提供全套青花瓷餐具，同样引导客户拍照分享。

四、构建客户旅程地图的核心要素

构建客户旅程地图核心要素就是构建以"客户视角"为中心的体验旅程地图，主要有以下几点：

（一）角色

角色指客户画像，即使用这一产品的目标客户人群所具有的典型特征集合，如年龄、性别、兴趣爱好等，如图5-1所示。在这些典型特征中包含了目标用户的特定需求及客户期望达成的目标，这对于制作客户旅程图极为重要。

图5-1　角色

从客户的最本质特征即用户需求出发，我们把客户归纳为三种类型，如图5-2所示。

图5-2　三种客户类型

（1）明需求客户。明需求客户是需求清晰明确的客户，当客户访问我们的网站/App，或者来到我们的门店时，是带着一个非常明确的目的的。

明需求客户的要求是直接、高效，他通常厌恶浪费时间。例如，他去逛街买衬衣，就只买衬衣，不会买别的。

（2）泛需求客户。泛需求客户以为自己有一个需求，但是这个需求有很大的弹性，或者说他表达出来的需求与内心真实需求有一定的差异。

例如，他去逛街买衬衣，很可能会买回一双皮鞋，因为他的实质需求是让自己穿得更美，买什么只是表象。

（3）逛需求客户。逛需求客户则没有明确的需求，他有很多的时间，可能是长段的时间，也可能是碎片时间，他逛街主要是想打发时间。这样的客户，他的行为可能有很强的跳跃性，很容易被其他的东西吸引。例如，逛需求用户去逛街，可能会买衬衣，也可能会玩电玩，还可能会吃顿饭，只要开心就好。

在数字化营销过程中，对明需求客户，需要提供强大的搜索功能或者一个简单易懂的信息架构（商品分类目录），让客户能快速找到自己需要的产品。对泛需求客户，要做好商品的展陈和关联推荐，并用优惠活动引导其下单。对逛需求客户，则要提供有趣的内容，让他在逛的过程中感觉到愉悦，从而养成一有时间就想到你的习惯。

当然，企业通常并不需要三种客户并重，而是以一种客户为主要目标用户，兼顾另外一种或两种用户。

（二）时间轴

时间轴即绘制客户旅程地图需要划分的时间段，时间轴可以帮助客户经理清楚明了地将客户行为划分成几个阶段，如图5-3所示。时间轴通常会依据具体情境来进行设置，有助于企业确定客户需求。

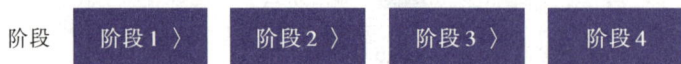

图5-3　时间轴示意图

（三）行为、想法、情感

这三个方面是制作客户旅程地图的主体部分，如图5-4所示。所谓行为指的是客户面对这一情境所采取的实际行为以及具体过程步骤；想法指的是客户在不同阶段的想法、产生的问题及信息需求；情感是客户在整个过程中的情绪波动，从这些情感波动中，产品经理可以获取客户对产品的喜好信息。

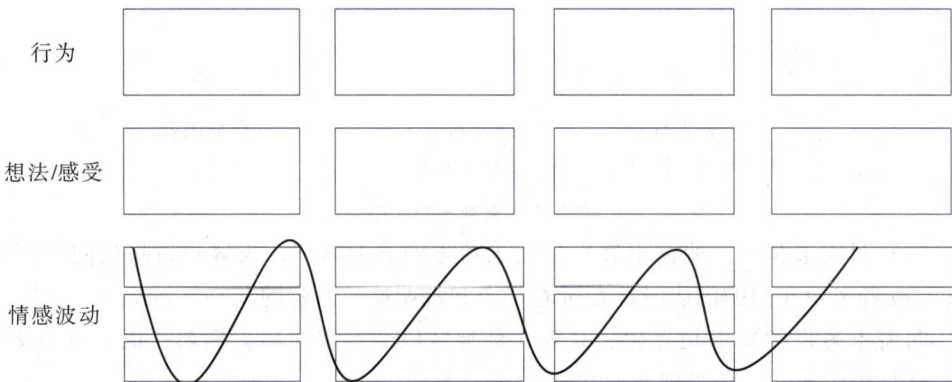

图5-4　用户旅程图的主体

（四）收获

收获指的是在制作客户流程地图的过程中产品经理从客户各个阶段的不同行为、想法及情感中获取的信息，包括客户的痛点，以及产品或者品牌的机会点，或者是日后需要采取的改进措施，如图5-5所示。

图5-5　用户旅程图的收获

小贴士 5-2

　　客户旅程地图聚焦客户需求，从客户角度出发思考如何改善产品/服务，从而优化组织效率，提升组织效益。它是客户体验的全景图，讲述了某一角色客户在特定场景下所经历的故事，以客户初次接触产品/服务，触达产品/服务的各个触点，直到最后产品/服务体验结束。通过客户与产品/服务接触的完整过程，阐明客户与产品/服务之间的关键交互节点，并通过观察分析客户在各个阶段的期望、行为、痛点、情绪曲线、接触点来帮助优化产品/服务，并得到改进方向。

　　根据背景和业务目标的不同，客户旅程地图有各种各样的形式，但不管形式如何，客户旅程地图的呈现方式就是一张带有客户体验时间线的信息图，目标都是让组织更加了解它们的客户。

【任务实施】

一、学生分组讨论

　　（1）将上课班级划分成若干小组（每小组5~6人），每个小组派出2名学生回答教师的提问：①客户旅程地图及用途（回答正确得4分，回答错误的酌情扣10~40分）；②构建客户旅程地图的核心要素（回答正确得3分，回答错误的酌情扣10~30分）。

　　（2）教师检查小组任务完成情况（按时并保质完成任务得30分，不符合要求的酌情扣分）。

二、教师记录小组成绩

第（　　）次成绩记录表

小组成员		
姓名	学号	组内分工

续表

姓名	学号	组内分工

评价内容	教师评分	评价标准（满分100分）	考核等级
回答客户旅程地图及用途（40分）		优：≥90分	
回答构建客户旅程地图的核心要素（30分）		良：80~89分 中：70~79分	
完成本项目的任务一（30分）		及格：60~69分 差：<60分	

教师点评：

教师签名：

年　月　日

任务二　绘制客户旅程地图

任务导入

某住宅小区市民使用 App 进行线上购买新鲜蔬菜。

任务要求：

请绘制客户旅程地图。

学而思，思而学

中央电视台 8 套曾经热播的电视剧《追风者》中有这样一段台词："金融只是一个工具，放在坏人手里就是杀人的刀，放在好人手里就是耕田的牛。""苏区银行信用好，未来一定会发展壮大。"请问如何理解？

（提示：它告诉了我们什么是金融以及金融的两面性。金融这座大山到底是造福人类的金山银山，还是压迫百姓的"五行山"，关键看这个工具由谁掌握。金融领头羊只有坚持人民至上的理念，才能让金融业进一步服务实体经济，真正成为老百姓"耕田的牛"。）

【任务准备】

完成此任务，你需要掌握以下知识：

客户旅程地图是客户或潜在客户为实现目标所经过的过程的直观表示。借助客户旅程地图，可以了解客户的动机（需求和痛点），从而明确如何构建触点并为客户创建最有效的流程。客户旅程地图可以采用多种形式，但最终目标始终如一：找到并解决客户的痛点。

一个消费者从进入商场到离开商场的过程对于企业来说就是一个客户旅程，可以拿来绘制、分析和编排设计。通过大数据的整理和分析，企业就能明确商场内不同业态的店铺该怎么安排，怎样的旅程设计能够让客户在商场里停留的时间更长。在此基础之上，把场景从客户视角和企业视角两种维度叠加到旅程上，可以更加直观地发现旅程触点上更贴近客户需求的改善点和优化点，从而传递实现客户体验的目标。

一个完整的用户旅程包含用户模型、可视化的体验过程和机会点三部分。每个部分都由不同的元素组成，如图5-6所示。

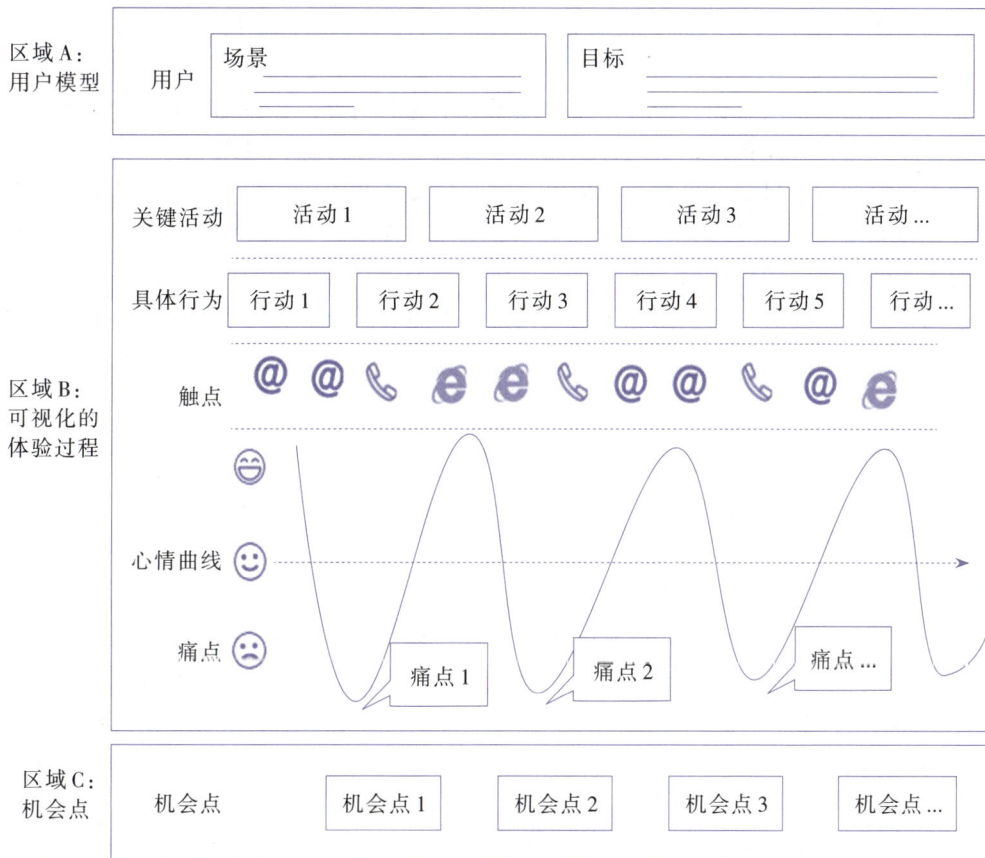

图5-6　完整的用户旅程图

小贴士 5-3

客户旅程地图绘制的重点是发掘改善客户体验的新的机会，"激活"客户旅程地图以促进创新行动。如果在理念、方法上操作不当，花费大量精力和资源绘制出来的地图只能成为漂亮的摆设，达不到预期的作用，甚至动摇企业内部对客户体验专业价值的信任。因此，切勿把客户旅程地图绘制得过于复杂，要想客户旅程地图绘制有效，就必须保持简单。

一、区域 A：用户模型

要构造用户旅程地图，我们首先需要构建用户模型，即用户群体是谁，想要在什么样的业务场景下，达成什么样的目标。

这部分的信息通常来源于用户研究，比如用户访谈、问卷调查及实地观察等。

（1）定义旅程镜头，即要描述是当前状态还是未来状态。

（2）选择客户，即要描述以谁的角度绘制这张图，是谁的旅程。例如在大学，以老师和学生作为不同切入点，视角会有相当大的区别，而且不同角色的需求也差别颇多。

（3）描述场景与目标，即客户旅程地图所呈现的内容，客户都会有特定的预期或目标，这些目标可能包括购买某件产品、了解品牌更多信息、寻求支持等。企业需要了解用户的预期及目标，以便为他们提供更好的服务和体验。比如宜家的客户体验地图，就是其围绕逛宜家卖场的体验旅程行动、想法和感受。客户在逛宜家的过程中，会发生看到装潢、餐厅就餐、排队结账、取货等行为，每个行为可能产生不一样的想法，如在餐厅就餐方便实惠感觉不错，而排队时间长就会比较影响心情，当然还要收集足够的数据来支持这些观点。

小贴士 5-4

客户旅程地图是设计创新思维的一个很好的练习方式，通常需要组织一个研讨会。如果有一个较大的团队和多个角色，最好是分组进行，每组 3~5 个参与者。需要准备各色便利贴、记号笔、红点贴纸以及 A1 白纸。在开始之前，要与团队一起解释流程，并确保所有人都一致同意为什么要这样做，以及如何这样做。绘制客户旅程地图应该在一个半小时内完成。这一点至关重要，不仅可以确保每个参与者都清楚地了解场景，还可以帮助参与者对后续环节达成共识。

二、区域 B：可视化的体验过程

这是客户旅程地图中最重要的组成部分，描述客户在达成目标时的全过程，及在每个过程中的情感体验。这部分的信息可以来自客户研究，也可以邀请客户一起完成。

可视化的体验过程包含5个元素。

（一）关键活动

客户在该业务场景下达成目标时的关键活动，按照时间顺序从左往右依次排列。需要注意的是，关键活动的颗粒度是相对的。比如，你可以用它放眼全局，来描绘一个上班族的一天；也可以聚焦到早起上班这一个特定的场景。但这两个地图中的关键活动的颗粒度明显不一样，第二种场景下的关键活动很可能只是第一种场景下的一个具体行为。

> **小贴士 5-5**
>
> 　　颗粒度通俗地讲就是多久进行一次进度跟踪。一般来说是以一个工作日为单位进行过程管理。在划分任务时，任务的颗粒度不能太大，也不能太小。颗粒度太大，就难以及时发现问题；颗粒度太小，就会增加管理成本。任务的颗粒度最小可以到半天，最大到周，一般以小于3天为宜，也就是说，项目经理1周至少检查2次成员的工作进展情况。适当的任务颗粒度一方面便于监控，另一方面也有利于调整任务。

（二）具体行为

客户在完成每个关键活动时的具体行为，每个行为按照时间先后顺序从左往右依次排列。行为是从关键活动中分解出来的，比如在早起上班这个客户旅程中，"早餐"是一个关键活动，我们可以分解出备菜、烹饪、吃早餐、收拾餐盘等行为。

> **小贴士 5-6**
>
> 　　某金融App首贷活动中，先在应用内给用户推送一个首贷福利活动，然后判断用户是否打开，如果用户没有打开，系统会在两天后再次推送，继而判断用户有没有打开；如果多次触达，用户都没有反应，再通过短信、微信等渠道去触达。全部渠道触达后，用户如果在微信上打开了活动，那系统就会自动打一个标签，比如"微信习惯用户"。然后在下一次活动时，首选用"微信渠道"来触达激活这类用户。最糟糕的一种情况是用户始终没有打开本次活动，系统会把这部分用户打上"流失用户"的标签，再把他们送到另一条"登录促活"的自动化策略中，尝试再次激活。

（三）触点

客户触点指的是用户接触品牌的方式，包括线上、线下渠道。例如，在购买阶段，客户可能通过网站、社交媒体、品牌官方 App 或者门店销售顾问等方式接触到品牌。触点作为品牌与客户之间的交互通道，在客户旅程地图的构建中，可以帮助品牌方明确需要从哪里获取数据，以及需要在哪个渠道上优化客户体验的问题。

小贴士 5-7

　　媒介的多元化发展，使得消费者触点更加多样，包括电脑/移动网络、App、微信公众号、小程序、企业第三方平台等。面对众多的渠道，自动化营销通过 AARRR 模型的营销目标，一站式管理拉新、留存、促活、转化类活动，形成营销活动闭环，再加入"自传播"的分享逻辑，进而产生滚雪球效应。

（四）心情曲线

客户在旅程中会产生情感体验，描绘客户在进行每个行为时的心情，如高兴还是不高兴，然后连成一条线，就是心情曲线。

小贴士 5-8

　　做存贷款产品营销时，可对高价值信用卡用户的 AUM（当月日均存款余额＋当月日均投资额）进行分析。调查他们每月的消费金额、信用额度、当前存款情况、贷款有没有拖欠、是不是商务卡持有者等，通过这些维度可以对不同用户分群并给出不同的营销策略。比如，哪些用户该提升额度，该为哪些用户推荐金融产品。在落实营销计划时，可以先通过短信进行激活，再通过呼叫中心了解客户意图，当客户有意向时，再交由理财经理跟进。

（五）痛点

客户痛点指的是客户在交互过程中遇到的困难和障碍。例如，在购买阶段，可能会出现支付障碍或者选购商品不清晰等问题。企业需要发现并解决客户的痛点，为优化产品或改善服务指明方向。改进措施通常涉及产品的功能、服务或集成。但不要局限于此，这里是一个创新的空间。

小贴士 5-9

　　麦肯锡的一份研究显示，金融业在大数据价值潜力指数中排名第一。以银行业为例，中国银联有 43 亿张银行卡，超过 9 亿持卡人，超过 1 000 万商户，每天近 7 000 万条交易数据，核心交易数据超过 TB 级。

银行可以根据大数据资料库，设计下辖分支机构服务柜台及摆设、理财区装饰甚至座位，还可以依照资料库中机构所在地的人口特征、年龄及交易量等数据，以及客户对网站、手机银行、微信银行等软件使用习惯进行分析，为客户提供个性化的服务。例如，高龄客户比例偏高的机构，考虑增加矮柜服务窗口并提供大屏幕显示器提醒；针对顾客对网银、手机银行的使用习惯，根据浏览量高低重新排版设计栏目，从而提升客户使用率及忠诚度；根据不同人群在网络、手机 App 访问的行为记录，分析其关注资讯的不同（页面浏览时间、次数、频率等），有针对性地提供不同的咨询和服务。

以上五个核心要素相互依赖并且相互影响。在不同的客户旅程阶段，客户基于不同的目标与预期，通过不同渠道的触点与品牌进行交互。在交互过程中，客户会对于不同的体验要素（体验点）产生不同的体验反馈，企业可以通过体验指标（如满意度指标）来量化评估这些体验点，从中挖掘用户痛点，找出用户提及率高且体验满意值差的体验洼地，进而为业务改善指明方向。

三、区域 C：机会点

这是从体验过程中挖掘到的优化客户旅程、改善客户痛点的契机。

可视化的体验过程是真实存在的，它来源于客户。而机会点则是由需求分析或产品设计人员通过分析客户痛点和期望得到的，当然，也可以通过研究市场趋势、了解竞争对手等方法得到。

（一）体验指标

体验指标是用来衡量用户对品牌提供的服务或产品的评价的。体验指标可设置为满意度（CSAT）、净推荐值（NPS）、费力度（CES）等。品牌需要关注这些指标，从而了解用户对其服务或产品的使用体验，并采取措施改进用户体验。

（二）体验点

体验点是指客户在与品牌交互过程中，所关注的体验要素是什么。例如：客户到店试乘试驾，往往会关注"门店位置的便利性""销售顾问讲解专业度""试乘时间路线安排合理性"等体验要素。客户围绕这些体验点会形成不同的感受或评价。

由此可见，该地图不仅可以用来表述故事发生的过程，还可以用来分析客户的体验。

小贴士 5-10

消费者/潜在用户通过数字媒体广告、微信广告、大 V 公众号推荐、其他消费者生产的内容推荐等渠道了解企业所提供的产品和服务。用户被不同内容、广告创意所吸引，就有可能进入下一个阶段，比如：点击广告链接进入官网/落地页，也可能进入线下门店。用户在查看商品详情页后，发现商品不错，随即添加进购物车完成购买转化或线下转化。消费者在体验到企业提供给他的产品和服务后，通常都会给出一个评价：满意或者不满意。但是这个过程不是单向的，而是循环往复的。比如：用户购买手机前，通常不会只搜索一次就下单，可能今天看一看，明天看一看，然后一周后才在 App 上支付购买。

【任务实施】

一、学生分组讨论

（1）将上课班级划分成若干小组（每小组 5 ~ 6 人），每个小组派出 2 名学生回答教师的提问：①画出完整的客户旅程地图（回答正确得 40 分，要素不全的酌情扣 10 ~ 40 分）；②回答用户模型、可视化的体验过程和机会点内容（回答正确得 20 分，回答错误的酌情扣 10 ~ 30 分）。

（2）教师检查小组任务完成情况（按时并保质完成任务得 30 分，不符合要求的酌情扣分）。

二、教师记录小组成绩

第（　　）次成绩记录表

小组成员		
姓名	学号	组内分工

评价内容	教师评分	评价标准（满分100分）	考核等级
能画出完整的客户旅程地图（40分）		优：≥90分 良：80~89分 中：70~79分 及格：60~69分 差：<60分	
回答用户模型、可视化的体验过程和机会点内容（30分）			
完成本项目的任务二（30分）			

教师点评：　　　　　　　　　　　　　　　　　教师签名：

　　　　　　　　　　　　　　　　　　　　　　　　年　　月　　日

任务三　金融业客户旅程编排

任务导入

　　某银行对零售业务在售前、售中、售后阶段共整理了 30 条业务子旅程，如表 5-1 所示。银行领导根据行内实际业务重点决定在一期完成核心子旅程的搭建工作。

表 5-1　　　　　　　某银行零售业务售前、售中、售后子旅程

零售业务旅程清单			
业务类型	售前	售中	售后
支付结算	1.个人基本账户开立（储蓄卡、手机银行） 2.企业开户（小微企业基本户、一般户）	4.个人客户咨询产品推介 5.小微企业客户咨询产品推介	16.支付结算（现金存取、转账汇款等） 17.外汇买卖、跨境汇款等 18.卡片服务（挂失、换卡等） 19.信息变更（个人、小微企业） 20.信息查询（流水、回单等） 21.小微企业结算（工资代发、POS收单等） 22.非金融服务（积分兑换、福利活动等）	30.一般查询、吐槽、投诉、建议反馈
财富管理		6.财富产品购买（定期、理财、基金、保险、信托、贵金属等） 7.财富管理（理财规划、资产配置）	23.产品查询（投资收益、产品赎回规则等） 24.产品赎回（正常赎回、提前赎回、转售、质押等）	
零售信贷		8.申请个人消费贷款 9.申请住房按揭贷款 10.申请住房抵押贷款 11.申请小微企业抵押贷款 12.申请小微企业其他贷款	25.贷款面签 26.贷款信息变更（还款方式、账户等） 27.还款与账单接收（正常还款、提前还款、贷款结清）	
信用卡		3.信用卡申请及激活 13.信用卡卡种（联名信用卡等） 14.信用卡分期（账单分期、消费分期等） 15.信用卡金融（现金贷等）	28.信用卡卡片服务（存取款、还款、密码重置、销卡等） 29.信用卡非金融服务（权益与积分兑换等）	

任务要求：

> 请从外部客户旅程和内部客户旅程梳理，绘制子旅程——个人住房抵押贷款"房快贷"客户旅程地图。

▶▶▶

💭 **学而思，思而学**

为什么要以客户为中心？

（提示：满足客户需求、创造竞争优势、实现可持续发展。）

◎

【任务准备】

完成此任务，你需要掌握以下知识：

目前，越来越多的金融机构已深刻认识到，在数字化时代，为客户提供一致性的体验和精细化经营是实现持续增长的关键。而客户旅程编排（Customer Journey Orchestration，简称CJO）的精细化落地，能够帮助金融机构抢占先机，实现业务高速发展。

一、银行业建设客户全渠道客户体验范式

（一）银行面临的挑战

银行业作为金融数字化建设的实践前沿，既是数字技术的应用者，也是推动数字经济发展的主要力量。但随着互联网科技的进步和人口红利的减少，如何在多个渠道协同联动、提升客户体验、提高转化率，成为银行客群经营中至关重要的问题。银行的多渠道缺乏统一管理平台，一方面使得客户体验一致性难以实现，另一方面导致客户个性化体验不佳，且业务转化效率低下。

（二）银行基于CJO模式的线上线下联动

为应对上述业务挑战，一些头部银行构建了基于CJO模式的线上线下联动系统，以打造全新统一的全渠道客户体验范式，完成客户全生命周期精细化运营，从而提升企业竞争力。

（三）银行CJO模式的落地

在贷款业务场景中，客户旅程通常包括多个阶段，而每个阶段都代表着客户不同的需求和兴趣偏好，如图5-7所示。

（1）认知期和比较期。在这个阶段，客户通常对贷款的申请和使用规则不甚了解，且面对种类繁多的贷款产品，很难迅速做出选择。①认知期的客户主要是想了解贷款产品；②比较期的客户会将多家银行的贷款产品做综合对比，从中择优。

（2）首贷期。此阶段客户会完成贷款额度申请。如果申请流程烦琐，银行可以安排客服指导操作，详细回答客户关于贷款额度和申请期限等问题。

（3）还款期。还款期是客户取得额度提现支付、偿还贷款金额的阶段。但也有可能是客户申请成功后没有贷款需求，或者对提前还款的优惠/注意事项缺乏了解。此

时，客服人员需要及时跟进。

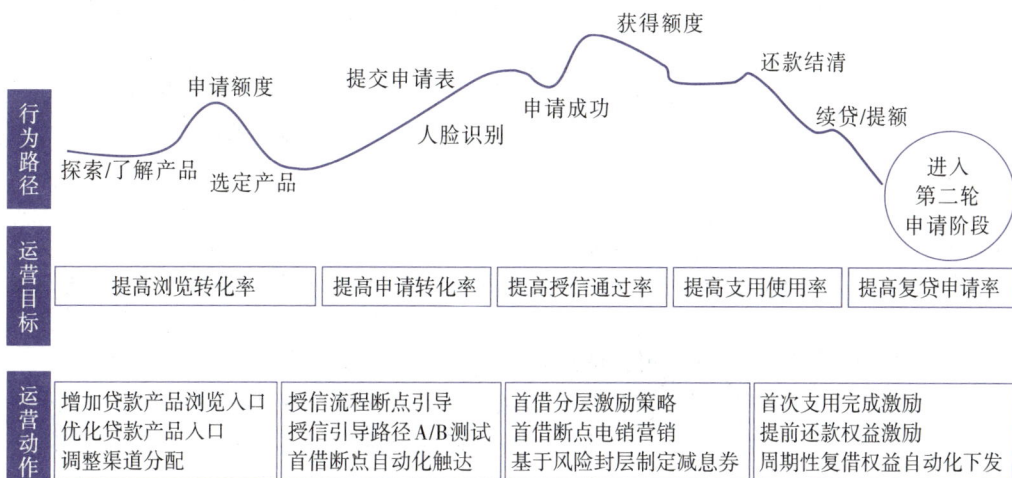

行为路径：探索/了解产品　选定产品　申请额度　提交申请表　人脸识别　申请成功　获得额度　还款结清　续贷/提额　进入第二轮申请阶段

运营目标：提高浏览转化率｜提高申请转化率｜提高授信通过率｜提高支用使用率｜提高复贷申请率

运营动作：
增加贷款产品浏览入口/优化贷款产品入口/调整渠道分配｜授信流程断点引导/授信引导路径A/B测试/首借断点自动化触达｜首借分层激励策略/首借断点电销营销/基于风险封层制定减息券｜首次支用完成激励/提前还款权益激励/周期性复借权益自动化下发

图5-7　银行业客户旅程编排

（4）续贷期。这是指客户在贷款额度到期后一定时间内完成续贷或提款申请，这意味着客户对银行已建立了一定的忠诚度。

二、券商打造陪伴式客户服务体系

（一）券商面临的瓶颈

大部分的券商都面临着来自线上自动化、线下专业化、服务智能化的多重挑战：一方面，券商线上线下服务割裂、未能充分发挥自身优势，一体协同式服务难以落地；另一方面，券商客户对于智能化、专业化、精细化的诉求与日俱增。伴随金融市场的震荡起伏与政策回暖，证券公司的客户结构和经营理念也在持续变化。

（二）以CJO为基础实现一体多位协同

一些领先的券商公司开始尝试探索基于深度洞察自身客群及战略，以CJO模式完善线上营销与线下服务，针对不同客群各有侧重地开展差异化服务，从而在提供大规模标准化高质量服务的同时，为高价值客户提供更加个性化的服务，

例如，年轻一代（Z世代）的客户更关注资产的保值和增值，而高净值客户则更倾向于接受线下的投资顾问服务。因此，该券商需要为不同特点的个人投资者提供端到端的客户旅程服务，以满足不同资产水平和投资偏好的客户需求。

（二）头部券商公司CJO应用实践

基金定投（定期定额投资），是指投资者每隔一定时间以固定的金额投资于特定的基金，这种投资方式门槛较低，操作方便，投资具有灵活性。对于投资者来说，定期定额投资可以很大程度上分散风险，并满足资产保值增值的刚性需求。

在这种情景下，券商可以从客户旅程视角进行客户精细化运营。当客户进入旅程的重要阶段时，券商可以主动跟进，并为客户提供有温度、陪伴式的服务，以提供更舒适的体验。

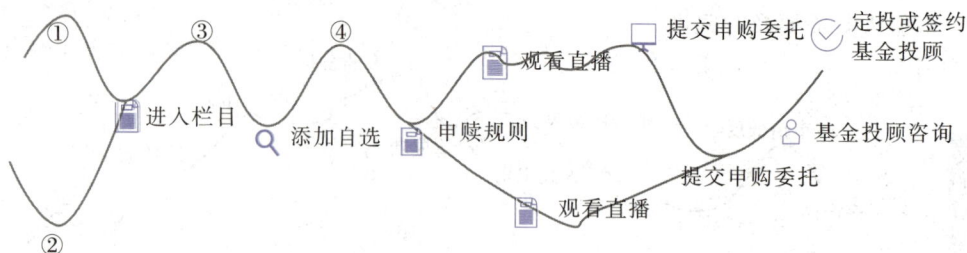

图5-8　券商客户旅程编排

注：图中数字表示：①搜索基金规则；②搜索基金论坛；③发现基金首发；④查看基金详情页。

（1）绘制。绘制客户基金定投的旅程地图，如图5-8所示。

（2）埋点。梳理定投客户旅程的关键触点，接入App、小程序、公众号、企业微信等多个场景的埋点数据，完成一体多位的数据基础建设。

（3）分析。根据客户旅程不同阶段的关注指标，进行深入分析，诊断客户旅程的连贯性，发现痛点和改进点。

（4）编排。根据数据分析后所提示的旅程痛点，结合业务视角下对不同客户群体的价值分析，合理编排客户旅程，通过合适的触点、内容、时机提升客户体验与价值。

（5）优化。关注关键指标变化，对旅程编排方式进行灵活的动态调整，从而实现客户旅程牵引，如图5-8所示。

三、保险公司构建以客户为中心的CJO营销体系

（一）传统保险公司面临多重压力

（1）运营成本高、管理难度大、经营风险高制约着保险公司的发展，尤其在人口红利消失、行业竞争加剧的背景下，存量客户的二次开发已经成为保险公司数字化客户经营的必经之路。

（2）保险客户越来越关注自身特定需求，强调服务体验，要求满足个性化需求的产品，以及在广泛的触点上提供一致性的体验和陪伴式的服务。但由于保险公司在数字化运营过程中缺乏客户旅程视角，难以精准切入客户痛点与需求，导致存量运营与业务增长难上加难。

（二）满足客户存量就必须增强数字化经营能力

领先的保险公司正在快速完成以客户为中心的营销服务模式的升级，基于CJO实现客户旅程全生命周期的编排和服务的匹配，从而为客户带来一致体验、提供精细化的运营服务，实现数字化客户经营能力的增强与业务的全面增长。

（三）保险公司CJO应用

保险公司在针对不同客群进行数字化运营时发现，差异化客群洞察是客户旅程编排的必要环节，应针对不同客群策划个性化的营销策略，以提升转化效率和客户终身价值。

（1）针对年轻人群体特征洞察的CJO应用。年轻人在客户旅程中处于"产生兴

趣，尝试参与线上互动"的阶段，考虑到其购买能力和购买偏好，保险公司应以自动化运营为主，适度引导客户行为，提升客户留存与活跃度。保险公司（年轻人群体）客户旅程编排如图5-9所示。

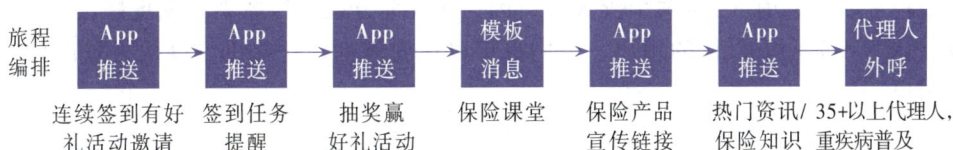

旅程编排	App推送	App推送	App推送	模板消息	App推送	App推送	代理人外呼
	连续签到有好礼活动邀请	签到任务提醒	抽奖赢好礼活动	保险课堂	保险产品宣传链接	热门资讯/保险知识	35+以上代理人，重疾病普及

结果评估：活跃度：稳中有升   7日留存率：6%   活动渗透率：提升   承保：×件数，规模保费：×元，综合转化率：×100%

图5-9   保险公司（年轻人群体）客户旅程编排

这类客户的特征一般有：①平台活跃用户，每周至少登录一次；②浏览过资讯、保险产品详情页、活动页至少一次；③参与过线上福利活动；④在本公司未购买过任何保单；⑤年龄26岁及以下；⑥年收入20万元以下。

（2）针对财富新贵群体特征洞察的CJO应用。对于财富新贵群体来说，随着家庭阶段和年龄的增长，有足够的新保障需求值得挖掘。从客户旅程来看，客户群体通常处于"建立了兴趣"但还未进入"产品分析"阶段，在这个阶段，保险公司安排代理人及时一对一引导，提供个性化服务。从活动邀请到参加会议、挖掘需求、承包和介绍，举办线下活动的完整客户旅程如图5-10所示。

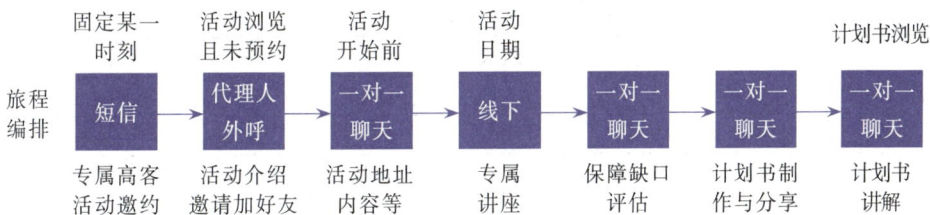

旅程编排	固定某一时刻	活动浏览且未预约	活动开始前	活动日期			计划书浏览
	短信	代理人外呼	一对一聊天	线下	一对一聊天	一对一聊天	一对一聊天
	专属高客活动邀约	活动介绍邀请加好友	活动地址内容等	专属讲座	保障缺口评估	计划书制作与分享	计划书讲解

结果评估：外呼接通率：稳中有升   线下活动到访率：80%+   保障缺口评估用户数：提升   承保：×件数，规模保费：×元，综合转化率：×%

图5-10   保险公司（财富新贵群体）客户旅程编排

这类客户的特征一般有：①本年度登录过线上平台至少一次；②家庭结构：两口及以上；③非当前黑名单、白名单客户；④在本公司有效状态长期险存单；⑤年收入50万元及以上。

🗒️ **小贴士 5-11**

黑名单：被限制或者不授权的用户、设备、城市等名单列表。比如，用户通过同一个资金方的不同助贷机构进行借款，在其余助贷机构有过逾期等行为，那么在使用同一资金方的新助贷机构中，该用户可能就是黑名单用户。

有些用户由于手机通讯录内有很多贷款人员的名字，因此可能会被加入黑名单。

> 　　白名单：可优先通过和放行的用户名单列表。比如，用户在同一资金方的某个助贷机构下的行为表现良好，则可能会被该资金方的新助贷机构列为白名单用户。或者，有 A、B 两个资金方，因为 A 资金方在风控体系表现良好，B 资金方认为 A 资金方授信的用户，他们也可以优先审批，这些也可以认为是白名单用户。

【任务实施】

一、学生分组讨论

（1）将上课班级划分成若干小组（每小组 5~6 人），每个小组派出 2 名学生回答教师的提问：①对金融客户旅程编排（回答正确得 40 分，要素不全的酌情扣 10~40 分）；②分析案例（回答正确得 30 分，分析不全面的酌情扣 10~30 分）。

（2）教师检查小组任务完成情况（按时并保质完成任务得 30 分，不符合要求的酌情扣分）。

二、教师记录小组成绩

第（　　）次成绩记录表

小组成员		
姓名	学号	组内分工

评价内容	教师评分	评价标准（满分100分）	考核等级
会对金融客户旅程编排（40分）		优：≥90分 良：80~89分 中：70~79分 及格：60~69分 差：<60分	
案例分析有思路（30分）			
完成本项目的任务三（30分）			

教师点评：　　　　　　　　　　　　　　　　　教师签名：

　　　　　　　　　　　　　　　　　　　　　　　年　　月　　日

综合训练

一、概念识记
客户旅程地图　时间轴　客户触点　客户痛点

二、单选题

1.客户旅程地图不包括（　　　）。

A.利益相关者　　　　　　　　B.客户画像　　　　　　　　C.目标导向

D.心态　　　　　　　　　　E.接触点、想法、行为

2.关于数字化客户旅程地图说法正确的是（　　　）。

A.客户旅程地图只是简单的流程图

B.客户旅程地图只适用于大型企业

C.客户旅程地图完成后仍然需要更新

D.客户旅程地图只能由专业团队绘制

3.以下说法中错误的是（　　　）。

A.明需求客户是需求清晰明确的客户

B.明需求客户的要求是直接高效，他通常厌恶浪费时间

C.泛需求客户的需求，没有很大的弹性

D.泛需求客户表达出来的需求与内心真实需求有一定的差异

4.以下说法错误的是（　　　）。

A.逛需求客户有明确的需求

B.逛需求客户有很多的时间

C.逛需求客户有长段的时间

D.逛需求客户有碎片时间

5.关于用户旅程地图，以下说法中不正确的是（　　　）。

A.是描述用户使用产品的流程

B.可以帮助设计者更好地理解目标用户在特定时间里的感受、想法和行为

C.是以可视化的方式呈现用户为达成某一目标所历经过程的工具

D.可以借助类似的表现形式，来呈现产品的解决方案

6.以下说法中错误的是（　　　）。

A.客户旅程可以是整个客户体验的一部分或快照

B.客户旅程就是旅程的一个插图或说明

C.客户旅程是一个旅程地图

D.客户旅程有助于创建一个理解客户的接触点

E.客户旅程是一种策略，可以采取一些行动

7.以下说法错误的是（　　　）。

A.创建客户旅程地图有助于深入了解客户的需求

B.创建客户旅程地图有助于了解客户的期望和互动

C.创建客户旅程地图不能提高销售和市场营销的效果

D.创建客户旅程地图可以改进产品和服务、提高客户满意度

8.客户旅程地图过程是（　　　）。

A.接触企业广告–咨询、比较–购买、使用–分享用户体验–升级、更换或选择其他品牌产品

B.咨询、比较–广告–购买、使用–分享用户体验–升级、更换或选择其他品牌产品

C.使用–分享用户体验–升级、更换或选择其他品牌产品–咨询、比较–购买、使用

D.接触企业广告–咨询、比较–升级、更换或选择其他品牌产品–使用–分享用户体验

9.关于客户旅程地图，以下说法中不正确的是（　　　）。

A.客户旅程地图是描述客户使用产品的流程

B.客户旅程地图可以帮助设计者更好地理解目标用户在特定时间里的想法和行为

C.客户旅程地图是以可视化的方式呈现用户为达成某一目标所历经过程的工具

D.客户旅程地图可以借助类似的表现形式，来呈现产品的解决方案

10.以下不属于券商面对的挑战的是（　　　）。

A.线上自动化　　　　　　　　　　B.线下专业化

C.服务智能化　　　　　　　　　　D.门店数量化

11.小米摄像头记录下来的10分钟视频属于（　　　）。

A.结构化数据　　　　　　　　　　B.半结构化数据

C.非结构化数据　　　　　　　　　D.交互数据

12.客户旅程地图不包括（　　　）。

A.行为、心态、想法　　　　　　　B.客户画像

C.利益相关者　　　　　　　　　　D.接触点

E.目标导向

13.（　　　）不属于制作用户旅程图的主体部分。

A.行为　　　　　　B.时间轴　　　　　　C.想法　　　　　　D.情感

14.数字化营销时代客户不能通过（　　　）接触品牌。

A.网站　　　　　　　　　　　　　B.社交媒体

C.品牌官方App　　　　　　　　　D.门店销售顾问

15.（　　　）能够丰富客户应用场景。

A.以产品为中心　　　　　　　　　B.以客户为中心

C.以广告为中心　　　　　　　　　D.以客户经理为中心

16.以下说法错误的是（　　　）。

A.场景化的体验模式离不开体验旅程的触点

B.对体验旅程的触点分析和整理，能帮助找到场景化的单一触点或者多触点

C.客户在体验旅程中不能偏离某个触点，但可以偏离某个场景

D.从体验旅程的视角能够很好地帮助场景体验设计实现具象化

17.以下说法中错误的是（　　　　）。

A.在数字化时代企业向客户交付的是标准化的产品

B.在数字化时代客户的需求本身是动态的

C.在数字化时代产品变得更加颗粒化

D.在数字化时代产品变得更加场景化

18.（　　　）不属于构建用户模型的信息来源。

A.搜索引擎　　　　　　　　　　B.用户访谈

C.问卷调查　　　　　　　　　　D.实地观察

19.（　　　）不属于一个完整的用户旅程。

A.用户模型　　　　　　　　　　B.可视化的体验过程

C.机会点　　　　　　　　　　　D.复杂的绘制

20.使用客户旅程图分析客户痛点时不需要考虑（　　　　）。

A.使用场景

B.客户背景（客户画像）

C.终极目标（使用产品和服务能帮助他们完成的工作是什么）

D.阶段目标

三、多选题

1.用户旅程图包含（　　　）层级。

A.用户类型　　　　　　　　　　B.用户行为

C.用户任务　　　　　　　　　　D.功能触点（从用户的角度描述）

2.客户旅程地图包含（　　　）核心要素。

A.客户需求　　　　　　　　　　B.客户行动

C.客户感受　　　　　　　　　　D.客户期望

3.客户旅程地图由（　　　）基本核心要素组成。

A.感受　　　　　　　　　　　　B.行动

C.需求　　　　　　　　　　　　D.技术改良

4.一些常见的客户旅程地图包括（　　　　）。

A.正在评估的过程

B.旅程的某个阶段

C.关键的交互和接触点

D.关键客户的期望

E.与这部分旅程相关的主题趋势

5.客户旅程内容包含（　　）核心要素。

A.客户需求 　　　　　　　　　　B.客户行动

C.客户感受 　　　　　　　　　　D.客户期望

6.构建客户旅程地图的核心要素包括（　　）。

A.角色 　　　　　　　　　　　　B.时间轴

C.行为、想法、情感 　　　　　　D.收获

7.客户体验是一个多维架构，侧重于在客户整个购买过程中对公司产生的（　　）。

A.认知 　　　　　B.情感 　　　　　C.行为 　　　　　D.感知

E.社交反应。

8.客户体验触点有（　　）。

A.品牌自身拥有的触点 　　　　　B.合作伙伴拥有的触点

C.客户拥有的触点 　　　　　　　D.社交/外部/独立的触点

9.传统保险公司面临的压力有（　　）。

A.运营成本高 　　　　　　　　　B.管理难度大经营风险高

C.行业竞争加剧 　　　　　　　　D.人口红利消失

10.以下属于根据年轻人群体特征洞察的有（　　）。

A.平台活跃用户，每周至少登录一次

B.浏览过资讯、保险产品详情页、活动页至少一次

C.参与过线上福利活动

D.在本公司未购买过任何保险

11.以下属于根据财富新贵群体特征洞察的有（　　）。

A.本年度登录过线上平台至少一次

B.家庭结构（两口及以上）

C.非当前黑名单、白名单客户

D.在本公司有效状态长期险存单

12.埋点可以接入（　　）等多个场景的埋点数据，完成一体多位的数据基础建设。

A.App 　　　　　B.小程序 　　　　　C.公众号 　　　　　D.企业微信

13.在贷款业务场景中，客户旅程通常包括（　　）阶段。

A.认知期和比较期 　　　　　　　B.首贷期

C.还款期 　　　　　　　　　　　D.续贷期

14.以下（　　）属于设置的体验指标。

A.饱和度 　　　　　B.满意度 　　　　　C.净推荐值 　　　　　D.费力度

15.客户旅程地图包含（　　）核心要素。

A.客户需求 　　　　　B.客户行动 　　　　　C.客户感受 　　　　　D.客户期望

16.以下说法中正确的有（　　）。

A.时间轴需要划分时间段

B.时间轴的存在可以清楚明了地将客户行为划分成几个阶段

C.时间轴通常会依据具体情境来进行设置

D.时间轴有助于企业更好确定客户需求

17.客户数据采集具有（　　　）的作用。

A.记录每个客户在每个触点上与企业的互动

B.记录客户属性和行为数据

C.给客户旅程分析提供非常好的数据支撑

D.跟踪客户的一举一动

18.收获包括（　　　）。

A.用户的痛点　　　　　　　　　　B.产品或者品牌的机会点

C.产品在日后需要采取的改进措施　　D.用户在不同阶段的想法

19.利用采集的数据进行分析，可以在以下（　　　）方面提升客户旅程。

A.基于客户关键触点的优化

B.在客户全流程中找到客户的多个"痛点"

C.对"痛点"进行排序加以改善

D.把客户"痛点"变成"尖叫点"

E.创造口碑传播的机会

20.数字化财富管理可在客户画像、规划配置、交易执行、组合管理等财富管理价值链各环节上，实现（　　　）等效果。

A.降本增效　　　　B.客群延展　　　　C.管控风险　　　　D.提升体验

四、判断题

1.客户旅程地图也被称作为"触点地图"。　　　　　　　　　　　　　（　　）

2.客户旅程地图，顾名思义，就是以图形化的方式直观地再现客户与企业品牌、产品或服务产生关系的某一节点，以及过程中顾客的需求、体验和感受。　（　　）

3.客户旅程地图可以帮助企业从客户的视角来重新检视其业务或服务是否在每一个触点上都正确满足了客户的需要。　　　　　　　　　　　　　　　（　　）

4.客户旅程地图可以帮助我们快速理清任何复杂事物的脉络。　　　　（　　）

5.可视化的体验过程是真实存在的，它来源于客户。　　　　　　　　（　　）

6.机会点是由需求分析或产品设计人员通过分析客户痛点和期望得到的。（　　）

7.机会点可以研究市场趋势，了解竞争对手的做法。　　　　　　　　（　　）

8.客户痛点指的是客户在交互过程中遇到的困难和障碍。　　　　　　（　　）

9.品牌需要了解发现并解决客户的痛点，为优化改善指明方向。　　　（　　）

10.在确定了痛点之后，就可以开始思考如何缓解或消除客户旅程中的烦恼。

（　　）

11.客户在该旅程中的情感体验，描绘客户在进行每个行为时的心情，高兴还是不高兴，然后连成一条线，即心情曲线。　　　　　　　　　　　　　　　（　　）

12.掌握客户旅程地图，就能引导客户共同理清业务流程，找到问题所在，从而设计针对性的业务方案。　　　　　　　　　　　　　　（　　）

13.客户旅程地图可以帮助我们梳理学习路径。　　　　　（　　）

14.画好一张好的用户体验旅程图的关键在于流程是否完整、触点是否多样，不在于关键时刻选取是否准确。　　　　　　　　　　　　　　（　　）

15.构建客户旅程地图核心要素就是构建以"用户视角"为中心的体验旅程地图。
　　　　　　　　　　　　　　　　　　　　　　　　　　（　　）

16.角色对于制作整个客户旅程地图的进展极为重要。　（　　）

17.时间轴即绘制客户旅程图需要划分时间段。　　　　（　　）

18.时间轴的存在可以帮助客户经理清楚明了地将客户行为划分成几个阶段。
　　　　　　　　　　　　　　　　　　　　　　　　　　（　　）

19.时间轴通常会依据具体情境来进行设置，有助于企业更好确定客户需求。
　　　　　　　　　　　　　　　　　　　　　　　　　　（　　）

五、简答题

1.为银行设计一套金融方案，可以有效地嵌入到"车生活"客户场景中。

2.如何创建用户旅程地图？

六、实战演练

案例背景介绍：某家电商企业发现其在线购物平台的用户流失率逐渐上升，决定通过优化客户旅程来提升用户体验和忠诚度。该企业拥有完整的线上购物流程，但用户在购买过程中的某些环节存在明显的不便和痛点。

请对客户旅程进行分析并提出创新策略。

项目六

数字化运营

职业目标

职业知识：
- 了解流量和流量池、公域流量与私域流量以及流量转化模型。

职业能力：
- 会利用所搭建的场景引流；能完成用户运营、内容运营、活动运营等工作。

职业素养：
- 树立以客户为中心的服务新理念，掌握服务客户工作的专业技能和技巧。

项目导读

数字化运营侧重于通过数据分析来匹配用户需求。它基于数据分析，结合用户需求，打造匹配用户的运营方案。

用户运营是为了帮助产品与用户更好地建立关系而使用的一切干预手段。在数字化时代，用户运营对于企业的成功至关重要。良好的用户运营可以增强用户忠诚度、提高用户满意度、促进用户数量增长，并最终推动企业的业务发展。用户运营的核心内容就是新用户拉动（开源）、防止用户流失与流失用户挽回（节流）、已有用户留存（维持）、提高用户活跃度以及向付费转化（刺激）。

总的来说，用户运营更加关注通过个性化的服务和策略来提高其满意度和忠诚度，而数字化运营则更侧重于利用数据和分析来优化运营决策，提高效率和效果。这两种运营策略在不同的企业和场景中能有不同的应用和侧重，但共同目标是提高用户满意度和促进业务增长。

任务一　金融客户引流

任务导入

1. 冰雪是一个大盘子，要让冰雪经济充分释放"热效应"，应该在这个盘子上"+"什么？哈尔滨的答卷，令人耳目一新。

冰雪大世界"花式营业"，索菲亚教堂旅拍出圈，"逃学企鹅"萌翻网友，"超大显眼包"网红大雪人……2023年冬季，哈尔滨持续"放大招"，涌现一系列"冰雪+"新产品、新场景、新玩法，把黑龙江优质冰雪资源的独特魅力展现得淋漓尽致，带动冰雪消费一路狂飙。元旦假期三天，冰雪大世界接待游客16.32万人次，同比增长435%，其中2023年12月31日入园6.49万人次，创历史新高。因高辨识度、强内容、多场景和超强变现能力，自带流量的冰雪大世界也成为众多网络红人来哈尔滨的直播首选地。哈尔滨马迭尔文旅投资集团表示，将努力与世界级品牌进行沟通，争取合作机会，推动哈尔滨冰雪大世界以及哈尔滨冰雪旅游更好发展。

2. 目前我国汽车的保有量高达3.5亿辆左右，如果每辆汽车都装有ETC，通过办理ETC所产生的资金流将高达数百亿元。这对于任何一家银行来说都是非常诱人的。银行还可以通过车主这一优质群体，将自身的信用卡、理财、保险、贷款等高价值业务深入拓展。换句话来说，ETC只是一个流量入口，能够为银行的其他业务引流。

任务要求：

1. 请分析冰雪大世界是如何做到高效引流的。
2. 为银行完成推广高速行ETC项目。

学而思，思而学

为什么说互联网不是法外之地？

（提示：思想道德修养与法律基础。例如，网络生活也是人的真实生活，它是公共生活在网络空间的延伸。所以，网络空间与现实社会一样既要提倡自由，也要遵守秩序，人们要遵守基本的道德准则和法律规范。）

【任务准备】

完成此任务，你需要掌握以下知识：

一、什么是流量

没有网络时，我们通过纸媒浏览信息，纸媒是流量载体，商家可以通过刊登广告获取流量；电视问世后，我们通过电视浏览信息，电视是流量载体，商家可以通过电视广告获取流量；传统门店兴起时，我们通过门店消费，门店是流量载体，商家可以通过选址获取流量；网络发达时，我们通过网页浏览信息，网页是流量载体，商家可以通过网页广告获取流量；短视频兴起时，我们通过刷短视频浏览信息，短视频是流量载体，商家可以通过短视频广告获取流量。

在规定时间内通过指定地点的人数称为流量，流量是所有商业模式的基础，解决流量问题是营销的首要条件，积淀的流量越多，能够获取的资源也越多，最后获利也会越多。比如，我们去旅游会发现，在当地小吃街消费的客人非常多，甚至还需要排队，其实小吃味道一般，价格也不便宜，但是，因为旅游小吃街流量大，所以生意自然就会很好。

案例透析6-1

水滴公司的引流

网络的流量指在一定时间内打开网站地址的用户访问数量，有时也指手机移动数据。线上获客做生意跟线下选址获客然后卖货盈利没有本质的差别，也是基于流量思路，用户访问在哪里，哪里获客就最高效。

小贴士 6-1

中国互联网主要的流量入口的三大巨头为：B（百度系）A（阿里系）T（腾讯系）。

要获取足够的客户名单就必须获得足够的流量，没有流量就没有人，没有人就没有成交。衡量流量的基本数据指标如下。

1.访客数

访客数（Unique Visitor，UV）是指一定时间内访问网页的人数。在同一天内，不管该用户访问了多少次，他都只算一个访客。UV高，说明有很多不同的访客访问网站，网站流量多。

小贴士 6-2

一间屋子（网站）一天内有某个人不断地进出，可以理解为他每一次进出都是一次PV（访问量）。而一间屋子（网站）一天内有5个不同的人进出，可以理解为这一天的UV（独立访客）为5。

✓ 教学互动 6-1

据悉，在江苏已经登记结婚的夫妻，只要打开支付宝搜索"江苏政务"，在"我的卡包"里刷脸就能领取和实体证相对应的电子结婚证。

问：用户为什么信任支付宝？

答：支付宝已经在电子支付领域里面站稳了脚跟，有强大的用户流量。

案例透析 6-2

老孙傲线上培训
教育

2.浏览量

浏览量（Page View，PV）指页面的浏览次数，用来统计用户访问的网页数量。用户每打开一个页面便记录 1 次 PV，多次打开同一页面则累计 PV，如我们在论坛帖子或文章头部经常看到的"阅读次数"或者"浏览次数"。

3.访问次数

访问次数（Visit View，VV）指从访客来到网站到最终关闭网站的所有页面离开，计为 1 次访问。若访客连续 30 分钟没有新开和刷新页面，或者访客关闭了浏览器，则被视为本次访问结束。访问次数记录所有访客 1 天内访问了多少次网站。某个访客有可能多次访问某个网站，那说明这个访客对网站很有兴趣。

二、流量池

流量就是市场、客户和商机。运用流量思维可以快速有效地掌握各种工具，帮助我们整合资源。因此，如何去找一个新的流量洼地？如何有效转化流量？如何通过运营手段，让流量的转化更加可持续？如何构建私域流量池？这些成了新时代营销的热议话题。

（一）流量池的含义

蓄积流量的容器就是流量池，流量池是为了防止有效流量流走而设置的数据库。比如，流量很大的网站（淘宝、百度、微博）就是一个流量池，某个 App 为另一个网站或 App 导流时，也属于流量池。

假设池塘一养了很多的鱼虾蟹，你想把池塘一的鱼虾蟹引到池塘二里，就需要在池塘一旁边再挖一个池塘二，灌溉好水后，在两个池塘中间挖一道引流渠，这样水和鱼虾蟹就引流到池塘二了。池塘二就是想导流的网站或 App，鱼虾蟹就是不同类型的用户，水就是内容。

✓ 教学互动 6-2

问：举例说明你对流量池概念的理解。

答：小李微信有 4 000 个好友，每天他都会在微信里面发送一些案例分析、走访记录等，每天观看量大概有 3 000 次，点赞 120 个，评论 50 个，转发 1 000 次。这些就是小李自己的流量数据，这些流量数据叫作私域流量数据。而小李的好友群叫作私域流量池。

（二）流量池的作用

无论哪种互联网商业模式，都是以流量作为基础的。基于流量的需求，引入各类在线供给，形成交易，获取收益，这是普遍的逻辑。

例如，做B2C商业模式的，一定要确定自己的流量池究竟是B还是C。如果流量池是B，就应该基于B类流量的需求，引入匹配的C类用户；反之，如果流量池是C，就应该基于C类流量的需求，引入匹配的B类商户。

简单地说，假设C端是线上用户，B端是线下用户，那么把C端用户引入B端用户，这就是流量池的作用。

三、公域流量与私域流量

公域流量和私域流量并不是绝对概念，而是相对概念。比如，一家商场开在步行街上，商场里的流量相对于步行街就是私域流量，因为店铺位于步行街内。而步行街的流量相对于商场就是公域流量，因为其他店铺也可以享用。再比如，在淘宝App里打开一个网店，网店的流量相对于淘宝就是私域流量，而淘宝的流量相对于网店就是公域流量。同样，公众号的流量相对于微信就是私域流量，微信的流量相对于公众号就是公域流量。

（一）公域流量

公域流量是被集体所共有的流量。公域流量依托于一个公共平台，企业从这个平台获取用户。公域流量的用户是属于平台的。

公域流量具有以下特点：

1.容易获取

平台有主动分配流量的权力，哪怕你一个粉丝都没有，你的内容也会有成千上万的人看到。

2.不可控

公域流量通过广告投放获客，但由于行业竞争激烈，投放效果差，转化率低。

3.黏性差

在公域流量中，获取的用户不属于商家的，是属于平台的。公域流量虽然可持续不断获取新用户，但它不属于单一个体，所以也称一次性流量。

小贴士 6-3

常见的公域流量平台有五类：电商平台（淘宝、京东、拼多多等）；社区平台（百度贴吧、微博、知乎等）；新闻资讯平台（腾讯新闻、搜狐网、今日头条等）；视频平台（腾讯视频、爱奇艺、抖音、快手、微信视频号等）；搜索平台（百度搜索、谷歌搜索、搜狗、360搜索等）。

（二）私域流量

私域流量的用户是属于企业或商家个体的，是品牌或个人拥有、无须付费、可多次利用并且能随时触达用户的流量。私域流量的常见形式有企业微信、企微社群、公司官网、小程序或自主的 App 等。

一个大的池塘里面刚开始鱼多，捕鱼的人少，即便捕鱼的技术一般，也能有所收获。随着捕鱼的人越来越多，池塘老板开始收费了，捕到鱼的成本越来越高，鱼的质量却越来越低。于是很多人就开始自建鱼塘养鱼，这样捕鱼的成本低了，也更容易捕到鱼了，还能租出去让别人钓鱼。这个自建鱼塘就是私域流量。私域流量不用付费，但可以在任何时间，任何频次，直接触达用户，例如，微信朋友圈、微信群、公众号、QQ 群，还有企业 App 等。

✓ **教学互动 6-3** --------

问：举例说明你对私域流量概念的理解。

答：小张在家打游戏，有权决定玩还是不玩，那么小张和电脑之间就是私域流量。

私域流量池具有以下特点：

1. 人性化

经营者和客户可以进行一对一的沟通，同时也可以提供私人定制产品和服务。

2. 可信任

通过运营私域流量，与用户建立情感互动，粉丝信任度更高，相对于在公域流量卖东西，更有人情味，同时复购和转介绍也会更多，客户关系更牢固。

3. 可复制

通过聊天或者朋友圈的分享产生信任，而且商家可以通过多个微信号同时操作。

4. 可扩展

私域运营能让商家与消费者建立更亲密的连接，商家可以基于产品做延展，并且随时根据经营需求改变自己的经营范围。不管是二次营销还是多元化营销，只要你输出的内容不让用户反感，就有助于销售。

📋 **小贴士 6-4**

过去十年，用户红利从 PC 端转移到移动端、从线下到线上、从中心城市到三四线城市、从新闻视频到网红主播，流量费用高企，转化越来越难，流量红利几乎殆尽。此时，企业营销进入从增量到存量竞争的时代，挖掘老用户/人脉圈的潜在价值已然成为了很多公司的共识，这也是私域流量大行其道的原因。

（三）公域流量与私域流量的区别

公域流量与私域流量的区别关系如图6-1所示。公域流量主要通过覆盖、点击、咨询、购买、复购等方式获取；而私域流量则是通过购买、留存互动、分享扩散、转介绍来获得。

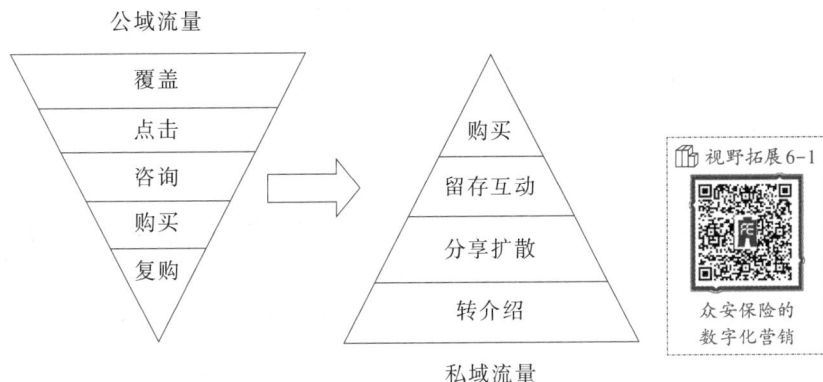

图6-1 公域流量与私域流量

公域流量与私域流量的区别如下：

1.获客成本不同

公域平台流量大，竞争激烈，例如在淘宝平台，同一类型产品可能有几十上百个同行竞争。

想要在公域平台实现持续曝光和获客，需要源源不断地投入。一方面，广告费越来越贵，做一场活动投了不少广告费，但最后带来的转化远远少于前期的宣传成本；另一方面，通过公域平台进来的流量是一次性的，活动一结束就不会有人再记得这个产品或者这个店。若想再做活动，还要重新推广与投放广告。

私域流量只属于自己，无论是朋友圈、私聊、小程序、公众号触达，都不需要成本投入。比如自建一个福利群，可每天推广自己的产品，不会有同行在群内竞争。

若构建自己的私域流量，流量一旦进来，当产品再有活动时可直接推广触达，极大地提升活动的曝光效果。后面再做活动时就可以节省推广成本，从而实现用户多次复购，让流量变得可控。

2.转化方式不同

在公域平台中，由于产品类目多、选择多，一次成交后很难再次利用，客户流失率高。

而在私域流量池里，企业或商家可以利用系统工具来精细化运营自己的用户，且活动推广触达精准，可以提升用户对品牌的黏性，提高用户留存度。

3.运营方向不同

在公域平台，大家关注的是如何获取更多红利流量。公域流量适合曝光、引流，平台自带大量粉丝，品牌只需要借助新鲜有价值的内容，就可以快速吸引到一定数量的粉丝，达到一定曝光量；而私域流量不再研究增量与扩大用户基数规模，更关注用户增长，将流量思维转变为用户思维，将已拥有的用户作为核心资产去经营，思考怎么把单个用户的终身价值做大，使用户在品牌生命周期带来更多价值，所以适合转化与成交。私域渠道具有更强的私密性和信任感，企业与用户像朋友一样交流，降低戒备心理，更容易成交和复购。

✓ **教学互动 6-4** --

　　问：如何在 QQ 群和微信群引流？

　　答：在 QQ 群里可以打造专家人设，回答群友问题，通过主动讨论等方式在群内活跃发言，来引起群内好友的关注，最终引流到自己的私域流量池。在微信群可以分享资料、电子书、PDF 文档，从而吸引更多的好友。

四、金融业获取流量的渠道

小贴士 6-5

　　银行业早期以物理网点为基础的渠道拓展模式，成本高、周期长，且受到监管审批等诸多限制。而网上银行、手机银行、自营 App、公众号等线上产品未能承接很多流量，所以银行迫切地需要从公域引流，扩大运营自己的私域流量。引流方式有很多，在不同的条件下要选用不同的方式。生搬硬套只会适得其反。

　　金融业获取流量的模式有线上推广、线下推广和商务合作。

（一）线上推广

视野拓展 6-2

搜索引擎的作用

　　一般来讲，线上推广更注重知名度，注重新客户的获取和订单的获取。

1.搜索引擎营销

　　搜索引擎营销（Search Engine Marketing，SEM）顾名思义就是利用搜索引擎来进行网络营销和推广。凡是使用搜索引擎，查询的全部结果都可以归类于 SEM 的范围之中。

　　搜索引擎可以帮助用户快速搜索到他们想要找的东西，还可以帮助企业找到目标客户。SEM 有两个主要支柱：优化搜索排名和付费搜索广告，见表 6-1。

表6-1　　　　　　　　　　　　　**搜索引擎营销两大支柱**

优化搜索排名（SEO）	通过分析搜索引擎的排名规律对网站进行有针对性的优化，提高网站在搜索引擎中的自然排名，吸引更多的用户访问网站
付费搜索广告（PPC）	网络广告的一种形式，广告的费用是按照点击次数来计算的，通过付费竞价使网站出现在搜索结果靠前的位置，容易引起用户的关注和点击

2.应用商店优化

应用商店优化（App Store Optimization，ASO）就是提升某个App在各类应用商店/市场排行榜和搜索结果排名，类似移动App的SEO。可以通过精准选取关键词、提升关键词覆盖数量、优化视频预览等方式，帮助开发者提升App在应用商店的曝光率，让用户更容易通过关键词搜索到App，从而带来流量与下载转化率，获取更多用户。

（二）线下推广

线下推广是比较传统的推广方式，阿里、携程等互联网公司，早期的推广都是通过地推来进行的。面对平台用户，只有通过最直接的交流、最真诚的互动，才能为他们答疑解惑、推广产品、宣传品牌，更有效地留住用户。

比如，针对货运司机的货运App，这类人群不活跃于互联网上，不易在线上推广，而通过线下推广可以很精准地找到货车司机。

小贴士 6-6

电商、教育等行业企业，都会利用线上投放或地推等方式，进行表单收集、产品注册，获得大量客户手机号码。为了让用户和品牌之间长期保持良性互动，最终转化为客户，员工需要将这些客户添加为微信好友，然而人工操作费时费力，效率低。利用AI融合自运营平台，可一键录入/导入手机号，实现自动添加好友，让"初次见面"的陌生人快速批量地转变为随时可沟通的潜在客户。

（三）异业合作

金融业服务不再局限于被动等待客户上门，而是跳出金融场景的桎梏，主动走进日常生活场景，为客户提供便捷、高效的金融服务。

在线上获客的流量逻辑之下，聚焦互联网平台流量，通过业务嵌入、平台合作的方式将流量转化为金融业客户流量成为"服务出圈"的主流。

小贴士 6-7

"出圈"作为一个网络流行词汇，意为某个明星、某个事件的走红不仅在自己固定粉丝圈中传播，而且被更多圈子外的路人所知晓。

1.市场合作

此类合作以共同服务市场为核心，集中在品牌公关和市场营销两个方面，品牌公关主要是基于框架合作的形式，提升双方的品牌价值，市场营销主要是在各自平台开展服务的相互引流。

不难看出，此类跨界合作可以进一步整合银行、流量平台和商户资源，全方位洞察各类客群需求，实现流量渗透，从线下商超到文化IP，从吃穿住行到购物娱乐，全方位地实现数字化营销。例如，作为"零售之王"的招商银行相继与京东合作推出了"小白"联名信用卡，与腾讯推出了QQ会员招行联名卡；中信银行与淘宝合作推出了中信银行淘宝联名卡等。

2.业务合作

此类合作为技术、数据、产品等更深层次的合作，共同开拓新的互联网业务或金融业务服务模式与服务内容，共同获取新市场。

例如，在开展线上信贷业务方面，金融科技公司先将其掌握的具有贷款需求的客户，经过初步风险评估后推荐给银行，然后向银行提供一系列金融科技管理工具，支持银行进行资产的安全监管，最终实现场景与金融服务的无缝衔接。

> **小贴士 6-8**
>
> 　　金易联与工商银行合作的"工行在线"项目，可在微信生态下的各个流量入口接入，客户可随时随地在社交平台获得服务：工行在线植入微信推送文章。同时金易联还为机构提供跨社交平台导流的技术能力，连接微信、百度、头条等多个社交平台，利用社交媒体流量，为传统金融机构带来全渠道的拓客机遇。

3.流量合作

在互联网平台逐步开放的今天，金融业利用互联网平台的开放性，将金融业务以API的形式嵌入社交平台和合作伙伴的场景当中，为客户提供无处不在的金融服务。

【任务实施】

一、学生分组讨论

（1）将上课班级划分成若干小组（每小组5～6人），每个小组派出2名学生回答教师的提问：①找出4个以上引流方法（回答正确得40分，不全的酌情扣10～40分）；②分析案例（回答正确得30分，分析不全面的酌情扣10～30分）。

（2）教师检查小组任务完成情况（按时并保质完成任务得30分，不符合要求的酌情扣分）。

二、教师记录小组成绩

第（　　　）次成绩记录

小组成员

姓名	学号	组内分工

评价内容	教师评分	评价标准（满分100分）	考核等级
提出4个以上引流方法（40分）		优：≥90分 良：80~89分	
分析案例（30分）		中：70~79分 及格：60~69分	
完成本项目的任务一（30分）		差：<60分	

教师点评：　　　　　　　　　　　　　　　　　教师签名：

　　　　　　　　　　　　　　　　　　　　　　　年　　　月　　　日

任务二　客户转化

　　小张的工作是做数字保理业务。他的产品最核心的诉求是让更多人立即预约，因为预约的下一步操作就是项目投资。但他发现客户从访问首页到立即预约的转化效果并不好，图6-2是他的产品首页。

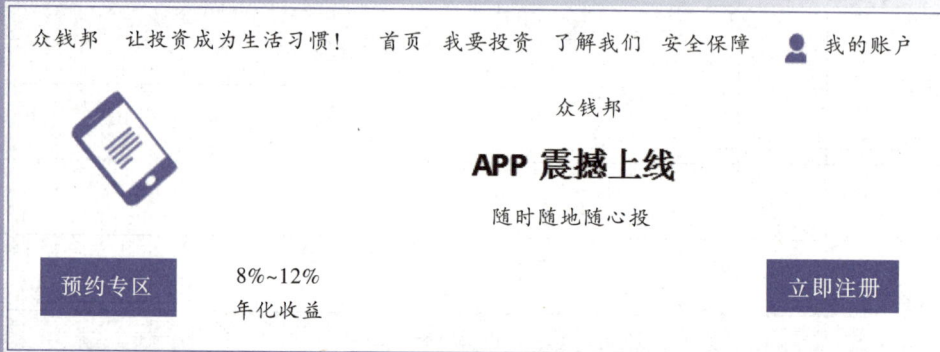

众钱邦　让投资成为生活习惯！　　首页　我要投资　了解我们　安全保障　👤 我的账户

众钱邦

APP 震撼上线

随时随地随心投

预约专区　　8%~12%
年化收益　　　　　　　　　　　　　　　　立即注册

图6-2　小张数字保理产品首页

任务要求：

　　请分析该页面，并从刺激点、从众心理、安全性、信任、功用与效果五个方面优化。

学而思，思而学

　　通过使用大数据技术，京东物流可以在消费者完成下单后，立即从距离目的地最近的仓库发货，甚至可以预测这一地区消费者的消费喜好与产品需求，提前做好备货。从生产地或总部仓库发货的传统物流方式，就算速度再怎么提升，也难以赶上京东速度。京东物流这一项技术不但很好地解决了客户等待时间过长的痛点，也提升了客户满意度。

　　请思考如何借助数字化营销进行客户关系管理。

　　（提示：在信息化高度发展的今天，传统方法的时效性及效率已经远远跟不上节奏。客户关系管理必须以信息技术等现代科技为支撑，充分利用数据库、人工智能、大数据等技术，不断改进和优化与客户相关的全部业务流程，实现电子化、自动化运营。）

【任务准备】

完成此任务，你需要掌握以下知识：

不同企业有着不同的服务，不同的服务对应不同的人群，不同的人群有不同的需求，不同的需求采用不同的转化和设计方案。

企业在流量运营的探索上从未止步，流量运营方式的演进主要有以下三种模型。

一、漏斗模型（倒三角形）

通常情况下，用户在早期流失的现象非常严重，所以需要让用户快速便捷地体验到产品的价值。一旦用户发现产品对自己的价值较大，继续使用和探索产品新功能的概率就会增大很多。

转化分析常用的工具是转化漏斗（funnel）。它的意思是100个人浏览你的网站，你能够把几个人变成忠实顾客。传统商业（尤其是电子商务）往往采用流量漏斗模型，这个模型下，工作重心会放在引流和转化上。京东、淘宝使用用户转化漏斗：做广告吸引用户点击→把用户带进网站→让用户多看商品→用户购买→运营部门想方设法让用户再次购买……

例如，从数据中得到每100个展现中有3个访问，每100个访问中有8次点击，每100次点击中有3次咨询，那么就大致可以预估出每日至少所需的展现量。在用户行为数据分析的过程中，我们不仅看最终的转化率，也关心中间每一步的转化率。某投资平台的转化漏斗如图6-3所示。

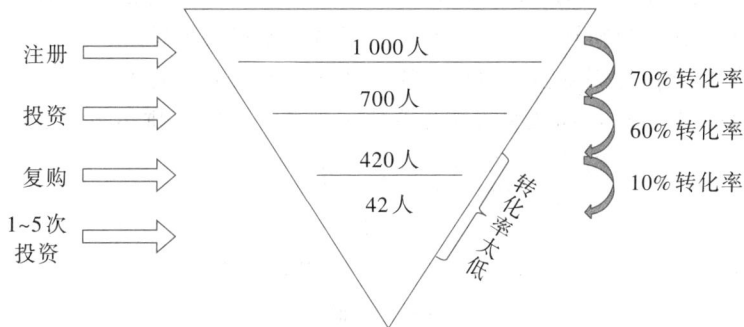

图6-3　转化漏斗

从图6-3中我们可以看到：①新用户在流程中不断流失，最终形成一个类似漏斗的形状；②复购之前的转化率都较高，但在投资的流程中，1～5次投资的节点转化率急剧降低至10%，这里就是需要改进的地方。要提高用户复购转化率，其实就是提高用户的黏性和忠诚度。

在漏斗模型这个阶段，客户关系管理（CRM）非常流行，企业只对客户进行管理而不培育。流量越来越集中，也就自然会越来越贵。其缺点是对外界流量成本涨跌很敏感。漏斗模型的特点见表6-2。

表6-2　　　　　　　　　　　漏斗模型的特点

关键	引流、转化
指标	获客成本、投资回报率
优点	可控性
缺点	流量采买成本取决于市场
适用	流量红利期、高毛利品类

小贴士6-9

2009年，推特（Twitter）的用户流失率达到了75%，时任增长团队的产品负责人乔什·艾尔曼（Josh Elman）做了一件有趣的事情，他并没有去研究那75%的用户是为什么走的，而是深入地研究了剩下的25%的用户为什么留下来。结果他发现这25%的用户关注的用户数都在30以上，所以他们重新设计了产品，在注册后会进行推荐关注等，以此来提高新用户的关注数量，并最终提升了留存率。

二、沙漏模型（X形）

一方面，随着移动互联网的发展，用户大部分时间消耗在社交媒体（如微信）上；另一方面，流量价格逐步上涨。于是，很多人就转换了思路——无须买广告，直接让用户在微信上传播裂变岂不更好，这时沙漏模型就流行起来。

沙漏模型首要工作目标从引流转化变成了裂变。例如：拼多多的"邀请3个好友就免费听课"就是沙漏模型。沙漏模型如图6-4所示。

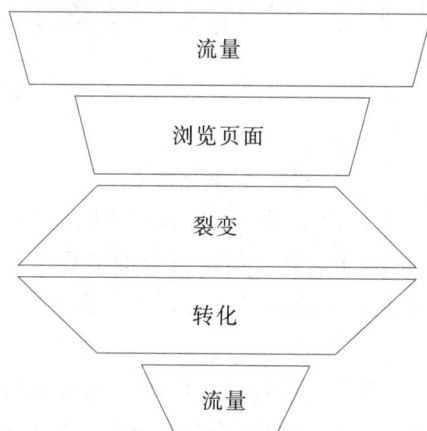

视野拓展6-4

"短视频+直播"
助流量变现

流量

浏览页面

裂变

转化

流量

图6-4　沙漏模型

在微信环境下运营的工具——社会化客户关系管理（SCRM）非常流行。其优点

是性价比高；缺点是需要嗅觉敏锐、执行力强、创意新的团队才能做到高可控性。沙漏模型的特点见表6-3。

表6-3　　　　　　　　　　　　　　　　沙漏模型的特点

关键	裂变
指标	裂变指数
优点	指数级增长可能性
缺点	创新设计要求高、低可控性
适用	分享红利期、社交货币品类

☑ 教学互动 6-5

问：为什么国内的新浪微博、知乎等社交产品，在首次使用的时候会默认给用户推荐关注大V？

答：关注大V用户的留存率可能会更高，因为关注大V的行为本身可能表明用户对特定内容或领域的兴趣。大V通常在其专业领域内具有一定的权威性和影响力，他们的内容可能更具吸引力和价值，能够吸引更多的用户关注和互动。当用户关注大V时，他们可能会因为对大V内容的兴趣而更加频繁地使用App，从而提高了留存率。

三、流量池模型

随着流量费用进一步提高，社交网络用户分享疲劳，越来越多的企业开始使用第三个模型——流量池模型，如图6-5所示。

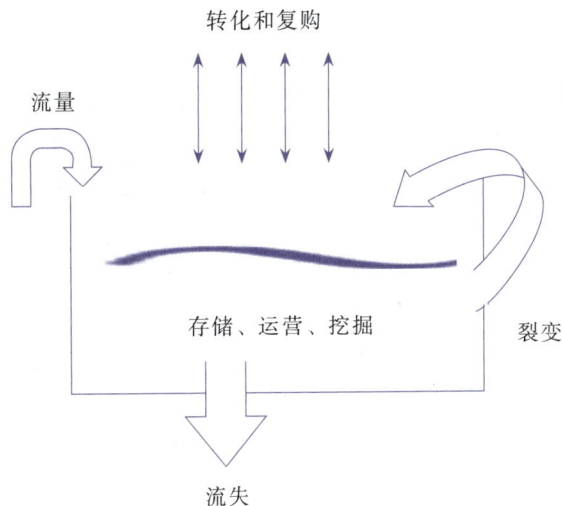

图6-5　流量池模型

视野拓展6-5

互联网企业流量
经营代表模式

流量池模型不是打造一个新的流量池，而是把用户放入自己的池子里，维护好关系，便于以后低成本触达，从而解决以下问题：①如何有效转化流量？②如何通过运营手段，让流量的转化更加可持续？③如何构建私域流量池？

流量池的优点是掌握用户，不用每次都要给平台或其他渠道交费；缺点是流量池模型很难实现流量再生，流量池模型的特点见表6-4。

表6-4　　　　　　　　　　流量池模型的特点

关键	关系
指标	规模、复购率
优点	低流量采购成本、高转化和复购率
缺点	内容和运营能力要求高
适用	高用户生命周期价值、高信息差的品类

小贴士 6-10

微信通过发放红包，把一个普通用户变成了绑卡用户，具备了金融的属性，然后再通过理财产品进行转化。

【任务实施】

一、学生分组讨论

（1）将上课班级划分成若干小组（每小组5～6人），每个小组派出2名学生回答教师的提问：①区分漏斗模型、沙漏模型、流量池模型（回答正确得40分，回答不准确或错误的酌情扣10～40分）；②分析案例（回答正确得30分，分析不全面的酌情扣10～30分）。

（2）教师检查小组任务完成情况（按时并保质完成任务得30分，不符合要求的酌情扣分）。

二、教师记录小组成绩

第（　　）次成绩记录

小组成员

姓名	学号	组内分工

评价内容	教师评分	评价标准（满分100分）	考核等级
区分漏斗模型、沙漏模型、流量池模型（40分）		优：≥90分 良：80~89分 中：70~79分 及格：60~69分 差：<60分	
案例分析（30分）			
完成本项目的任务二（30分）			

教师点评：　　　　　　　　　　　　　　　　　　教师签名：

　　　　　　　　　　　　　　　　　　　　　　　　　年　　月　　日

任务三　用户运营

任务导入

某用户活动场景描述如下：

（1）小李频繁浏览关于美食、汽车、旅游，投资的资讯；

（2）小李时常在关于汽车、投资、旅游的文章中发布评论，给喜欢的文章点赞；

（3）作为一名拥有数万粉丝的博主，小李经常在投资板块发帖，分享对股权投资的见解。

任务要求：

请挖掘小李的深层次需求，并根据内容运营引导客户转化。

学而思，思而学

孙子兵法说："上兵伐谋"。"故善用兵者，屈人之兵而非战也，拔人之城而非攻也"，请问，这句话对营销工作有什么启示？

（提示：未战而屈人之兵，未战而投人之城正是"攻心为上"的形象说明。）

【任务准备】

完成此任务，你需要掌握以下知识：

数字化运营遂层递进的工作核心分别是流量—转化—运营。运营的本质是让供给与需求实现高效匹配。经济社会的快速发展对供需关系提出了前所未有的要求，供需关系不再是简单的1∶1匹配，而是用集约资源满足大量需求的关系。例如，100万人口的城市不能匹配100万床位的医疗系统，如果按此操作就会有大量的资源浪费。计算多少需求匹配多少供给的难度越来越大。

金融领域也是一样的，由于产品、营销资源、渠道容量都是有限的，运营核心仍然是需求与供给的匹配。而数字化的运营，本质上是通过运用数据、平台等工具，进一步提升运营效率，集约资源，让供需的匹配关系更加合理，从而更加从容自如地应对各种突发变化。数字化运营并不改变运营的本质内容，而是提高了这一工作的基础效率。

运营工作可以简单地划分为三类：用户运营、内容运营、活动运营。

一、用户运营概述

用户运营就是通过数据分析，基于有限的商品（或者称解决方案），匹配对应的用户需求。

既然是用有限的商品（解决方案）匹配用户需求，那么用户运营要分析的重点就有三个：用户的需求是什么？现有的商品或质量如何/解决方案什么样？通过什么方式匹配到用户？因此有了以下的运作。

（一）剖析了解用户

1.对用户进行定义

将用户定义为使用者（User）和定义为会员（Member），会带来完全不同的运营策略和运营手段，甚至产生不同的运营工具和运营指标。通过各种渠道或裂变手段初步获取的用户，并非都是企业的目标用户（或部分暂时不是企业的价值用户）。企业首先要了解用户是谁，从哪里来，获取了他的哪些标签信息，他在企业的产品上留下了哪些交互印迹，一般情况下，初步了解用户的信息，可参考表6-5。

表6-5　　　　　　　　　　　　　　　　　**了解用户信息渠道**

用户渠道来源加参数追踪	抖音	分析用户获取来源渠道，为下一步归类价值用户来源提供参考依据
	今日头条	
	微信	
	…	
A/B素材测试	在用户获取阶段，根据场景多设计几套素材进行投放测试	分析用户更喜欢哪类素材
丰富注册过程	注册过程中加入简单的信息收集（如用户喜好、关注话题）	作为下一步用户数据精细化运营的推送以及用户分层
页面统计分析	受访页统计	①分析产品核心功能是否得到用户关注；②分析用户对某个功能/活动/交互感兴趣
	人口统计	

要了解和分析用户情况，除了调用分析后台相关数据，还可以找几名内测用户进行访谈，了解他们为何会用企业的产品，他们希望从产品里得到什么…

2.不同层级的用户有不同特点

根据用户分层企业可以更有针对性地制订出精准的用户运营策略及落地方案，从而达到运营资源高效化。用户分层没有统一标准，下面以用户生命周期和RFM价值模型的部分概念融合为依据，进行用户分层参考，如图6-6所示。笼统分层为：新用户—普通用户—活跃用户—价值用户—转化用户—沉睡用户。①新用户：新注册的用户；②普通用户：偶尔登录，或一周会登录一两次的用户；③活跃用户：对产品的核心功能使用频繁，或2个月内持续活跃的用户；④价值用户：符合转化用户的整体特征表现；⑤转化用户：产生商业价值转化或消费过的用户；⑥沉睡用户：3个月内没有任何交互动作的用户。

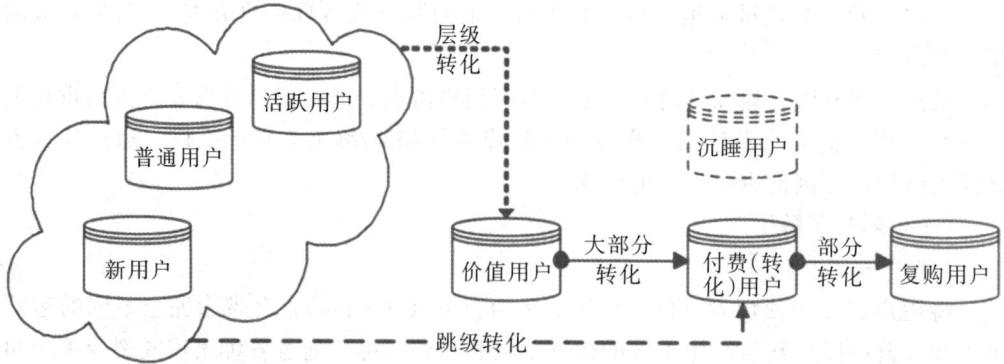

图6-6　用户分层

从图6-6可看出，各种用户运营方式都是为一个目标服务：把普通用户转化为价值用户—付费用户—复购用户，这个目标换句话表述就是：尽可能延长用户的生命周期，并在用户的生命周期中尽可能地发生商业价值。

当然，不同企业产品对用户层级的定义和分类会有所不同，需要根据实际情况做分层调整。另外，避免某类用户重复标签，多次被打扰，需要设定标签归属优先级。

（二）挖掘用户价值

挖掘用户价值主要是为了让我们对业务有更深入的了解，知道哪些用户是我们的有效用户，从而为后续的用户运营提供指引，避免盲目运营。具体落地工作如下：

1.对价值用户的整体特征表现归纳

（1）归纳目标用户的价值标签。价值用户可以根据企业本身目标及商业模式来定义，比如付费/转化/深度交互用户。

在定义有价值客户时，可以分析以往有价值的用户数据，若无后台数据沉淀，可以参考竞品或同行发布过的数据，归纳出价值用户的整体特征表现。以保险用户为例，有以下价值标签属性的用户转化率更高，见表6-6。

表6-6　　　　　　　　　　　保险用户价值标签

标签	内容
家庭属性	已结婚阶段
	有子女阶段
经济条件	不存在温饱问题（即达到马斯洛第二需求层次：安全需求）
保险意识	已经购买过保险的，复购率很高
	平时关注意外防范
需求场景	平时关注生活健康

（2）找到目标用户。归纳出目标用户的价值标签，找到具有这些价值标签的目标用户，或者通过运营把普通用户转化为价值用户。

（3）表6-6中的保险用户，有的人保险意识较为薄弱，还需通过教育唤醒，才能顺利转化为价值用户。

2.通过运营手段获取用户价值标签

用户价值标签可以通过注册填写、调查问卷、统计分析、技术埋点（浏览/关注等交互捕捉）、第三方平台数据抓取等方式获取。

比如，问卷活动是最常用、最直接的用户信息获取方法之一。值得注意的是，问卷形式不要太传统，要简短委婉，可以穿插到某个交互流程的尾部，或在交互动作（浏览/关注）中实现。

小贴士 6-11

1.如果你的汽车（身体）出了故障，你会花多少保费？

A.1 000 ~ 10 000元　　　　　B.10 000 ~ 100 000元　　　　　C.100 000元以上

2.你有哪些保险傍身？

A.有社保　　　　B.既有社保又有商业保险　　　　C.没社保但买了商业保险

教学互动 6-6

问：如何在旅游季用轻松的调研形式，间接得到用户的经济水平/有车/外出频繁等信息？

答：例如：

1.你最喜欢怎样的旅游方式？

A.穷游　　　　　　B.随团游　　　　　　C.自驾游　　　　　　D.其他

2.你每年外出旅游的次数是：

A.1次　　　　　　B.2次　　　　　　C.3次　　　　　　D.3次以上

（三）对用户展开有针对性的运营策略

运营需要以用户为中心，没有用户也就没有收益。想要以用户为中心进行运营，就需要满足用户的基本需求。只有根据不同的用户群体选择投其所好、有的放矢，配套最佳的运营策略，才能达到运营资源高效化。留住客户的做法如下：

1.新用户运营

新用户初来乍到，稍有差池他们会"掉头就走"，所以除了做好产品体验（界面/玩法/交互流程）外，还需要通过运营手段最大限度去激活用户。常用的运营策略有：

（1）新手指引。第一时间让用户体验到产品的核心功能/玩法，尽可能留住有效用户。

（2）新人福利。用户第一次"登门拜访"，应该给点"甜头"，吸引他再次来访，比如大家熟知的餐馆优惠券，一般新客消费都会送一张满多少送多少的优惠券，下次到店消费可抵用。

（3）新手任务。新用户做任务有奖励，比如完善资料、添加到小程序。

（4）投其所好。注册过程中可让新用户选择自己喜好的话题，当新用户进入页面时可以个性化展示其喜欢的界面内容。

2.普通用户运营

对于普通用户，运营的首要目标是培养用户使用产品的习惯，从而将其变成活跃用户。常用的运营策略有：

（1）签到打卡。每日签到打卡领奖励（积分/虚拟币/红包），让用户形成每日登录的习惯。

（2）每日抽奖。每日1-2次抽奖机会，丰富交互动作，增加用户的停留时间。

（3）资讯推送。内容推送精细化，根据用户阅读喜好进行针对性推送，如每日一篇文章/资讯推送。

3.活跃用户运营

这类用户对产品具有一定的活跃贡献度，他们乐于参与产品的核心功能，喜欢互动和分享交流。但是任何用户都会有这样的周期历程："惊艳"过后"销声匿迹"，运营需要做的就是尽可能把用户的活跃周期拉长，持续"刺激"，期间适当加入转化策略。常用的运营策略有：

（1）开发成长体系，即用户激励体系，可以理解为产品游戏化，借鉴游戏产品的升级体系，或满足用户的虚荣心和成就感，或享受等级提升带来的特权，及时得到正向激励，最常用的有会员等级、经验值、勋章、财富值、VIP、邀请码……

（2）用户生成内容。提供用户表达自我的出口，知乎、抖音等就是用户生成内容的最好代表。当然，需要根据产品的属性来确定用户生成内容的呈现形式，或原创文章，或体验反馈，或情感表达。

4.价值用户运营

这一类用户有些特殊，可以运用其他层级的运营策略交叉运营，而且需要适当激发他们的需求意愿。常用的运营策略有：

（1）教育唤醒。对价值用户进行相关知识普及，潜移默化他们对产品的消费意识，如保险用户，可以适当给予保险相关推荐（资讯/解答/短视频知识普及等）。

（2）专题活动。针对这类用户搞主题活动，如母婴产品，可以给怀孕人群提供孕期知识普及活动等。

5.转化用户运营

此类用户对产品有较大的认同感，可以成为产品的传播源，找准用户的推荐动机，引导用户转发传播。常用的运营策略有：

（1）后续服务。用户发生付费转化后，要做好后续服务，比如用户的满意度调查、用户售后反馈/答疑。

（2）送优惠券。用户付费后，企业可以在付费页面赠送优惠券选择，比如天猫商城会在用户付费后赠送相应店铺的减免券，还可以参与抽奖等。

（3）个性推送。根据用户的消费/浏览习惯，进行同类产品或配套产品推送。

6.沉睡用户运营

这批用户要么是无效用户，要么是产品无感用户，要么是"喜新厌旧"。最常用的策略是对用户进行召回手段，通过邮件/短信等方式关联用户。另外，还需事先设置好预警流失机制，提前采取预流失措施挽留用户。

二、内容运营

（一）内容运营的含义

所有的数字化产品都需要有内容运营，只是不同的数字化产品，内容运营的侧重点不同。内容运营涉及的事情很多并且非常细致，具体包含以下内容：

1.内容的采集和创作

内容的采集和创作就是生产出目标用户喜爱的内容，吸引新用户关注以及提升老用户的活跃度。内容创作涉及内容的"定位"和"调性"两个方面。

2.内容的呈现和管理

内容的呈现，说白了就是包装。同一个内容，展现方式不同，内容的效果也不同。想象一下，同款项链，如果一个是用精美礼盒装，另一个是简装，你要送朋友会选哪一个呢？

内容的管理就是对内容质量要有评判标准。还是以项链为例，两个都是精美礼盒包装的，但是其中一个有明显瑕疵，你朋友拿到有瑕疵的项链会不会高兴呢？

3.内容的扩散和传播

内容运营需要继续推广与传播，以期获得更好的宣传效果。再好的内容如果没有触达用户就是无意义的。特别是对于粉丝较少的账号，仅有为数不多的人可以看到其推送的内容，传播效果有限。因此，运营者需要设计传播模式和便于传播的内容，引导粉丝将内容转发到朋友圈、微信群或其他渠道。

4.内容效果和评估

内容推送后有没有达到企业预期的目标，传播内容的目的是什么，这些都需要搞清楚。通过效果评估、数据分析，我们可以知道用户对哪些内容感兴趣，哪些渠道的效果比较好，从而在日后的运营中有意识地调整，达到更佳的效果。

当我们打开电商网站时，可以看到琳琅满目的商品列表，列表中的每个商品都有图片、名称、价格，甚至还有折扣信息，点进去还能看到商品详情；当我们打开门户网站时，可以看到新闻、专题、博客、微博，各种文字、图片、视频充满我们的视野；当我们打开政府的门户时，可以看到各种法规、政策、政府文件……不管是电商、门户、企业、政府、搜索引擎、社区还是网络论坛，都有内容。他们的区别只是内容的类型不一样，展现的方式不一样，带给受众的感知不一样，参与和互动的方式不一样。

（二）内容运营的工作

每个公司的内容运营工作职责都不相同，而且很多工作都超出了内容运营的职责范畴。因为行业的不同，运营的内容也会有差异。比如淘宝系的内容运营，需要关注的是店铺、创意图、详情、微淘等内容；而饿了么等外卖平台的内容运营，需要关注的是线下商家、活动等内容。还有根据内容形式不同，工作内容也有差异。内容是图文的，就需要写作能力；如果内容是视频的，就需要关注拍摄和视频剪辑。当然，这只是内容制作，并不是内容运营的全部。

（1）内容采编与撰写，是对内容的采集和创作。

（2）精彩推荐、专栏话题、专题内容策划，是对内容的包装。内容以创意的形式推荐给用户，内容的审核与维护就是对内容的管理。

（3）平台内容分发，就是内容的扩散和传播。

（4）数据分析，对应内容的效果和评估。

三、活动运营

活动运营是指通过开展独立活动或联合活动，拉动某一个或多个指标短期提升。企业和产品的活动承担很多职责，可以达成很多目标。因为活动是用户感知最明显的一项工作，活动可以为产品探路，很多产品的功能可以从活动中总结和提炼。对于所有的数字化转型的企业和产品来说，活动运营人员几乎是标准配置。

一个电商网站发现用户很喜欢促销打折活动，那么它可能就可以将它固化成团购系统、优惠券体系、秒杀功能等。一个社区网站发现邀请活动可以有效地拉动注册用户，那么它就可能将这类活动固化成推广会员机制。一个社交App发现可以用签到等活动提升用户的持续活跃度，指引用户行为，那么它就可能将此类活动固化成任务系统等。

通常一个活动运营的工作如下：

1.活动文案的撰写

在数字时代，对于策划者来说，一篇优秀的文案不再是简单的文字组合，而是需要在数字时代的表现力与情感碰撞中寻找灵感。优秀的文案通常具备以下特征：

（1）真实的情感体验，即把真实的情感体验和内心深处的感受转化为生动的文字表述，激发读者的共鸣和情感共振。

（2）简洁的表达方式。由于阅读习惯发生变化，现代人更加追求简洁明了的表达方式。因此，文案需要通过简短有力的语言来表述自己的主张和观点，才会给读者留下深刻印象。

（3）多样的表现形式。现代读者对于不同的阅读形式和媒体有不同的需求，文案撰写要适应不同的阅读场景和需求，采用图文并茂、多媒体等多种表现形式，以达到更好的视觉效果和阅读体验。

2.活动流程的设计

随着科技的进步和数字化趋势的不断发展，数字化营销变得越来越重要。为了设计一份有效的数字化营销方案，以下步骤是必不可少的：

（1）明确目标。首先，需要明确营销方案的目标。这些目标可能包括增加新客户、提高客户满意度、推广新产品或者提升品牌形象等。明确目标有助于为后续的方案设计提供方向。

（2）分析市场。进行市场分析是制定营销策略的关键步骤，需要分析目标市场的特点，包括客户群体、竞争对手、市场趋势等。了解目标市场的需求和行为，可以为后续策略制定提供有力的依据。

（3）制定策略。根据市场分析的结果，制定相应的数字化营销策略，包括SEO优化、社交媒体营销、电子邮件营销、内容营销等多种策略。策略的制定应与产品的特点和目标市场相匹配。

（4）制作内容。制作高质量、有趣的内容是数字化营销的核心，创建吸引人的内容，如博客文章、视频、图像、社交媒体帖子等，可以吸引客户并提高品牌知名度。内容应与产品、目标市场及客户需求相关。

（5）选择渠道。选择合适的渠道进行内容推广至关重要。这些渠道可能包括搜索引擎优化、社交媒体平台（如微信、微博、知乎）、电子邮件等。选择哪些渠道应基于目标市场和竞争环境进行决策。

（6）执行与测试。在执行阶段，将之前的策略和内容投入实施。同时，还需要根据实际效果进行不断地测试和调整。例如，可以测试不同的广告文案、布局或者渠道的效果，以找到最优的组合。

（7）数据分析。数据分析是优化数字化营销方案的关键步骤。通过分析网站流量、转化率、广告效果等数据，了解哪些策略和内容效果更好。这有助于优化方案，提升营销效果。

（8）持续优化。根据数据分析的结果，不断优化数字化营销方案。这可能包括调整策略，改进内容，优化渠道等。持续优化是保持数字化营销有效性的关键。

以上是一个迭代的过程，需要不断地调整和改进以适应市场的变化和客户的需求。

【任务实施】

一、学生分组讨论

（1）将上课班级划分成若干小组（每小组5~6人），每个小组派出2名学生回答教师的提问：①区分漏斗模型、沙漏模型、流量池模型（回答正确得40分，回答不准确或错误的酌情扣10~40分）；②指出活动运营的日常工作（回答正确得30分，回答不全面的酌情扣5~30分）。

（2）教师检查小组任务完成情况（按时并保质完成任务得30分，不符合要求的酌情扣分）。

二、教师记录小组成绩

第（　　）次成绩记录表

小组成员		
姓名	学号	组内分工

评价内容	教师评分	评价标准（满分100分）	考核等级
掌握用户运营、内容运营、活动运营的特点（40分）		优：≥90分 良：80~89分 中：70~79分 及格：60~69分 差：<60分	
指出活动运营的日常工作（30分）			
完成本项目的任务三（30分）			

教师点评：　　　　　　　　　　　　　　　　　　　　教师签名：

　　　　　　　　　　　　　　　　　　　　　　　　　　年　　月　　日

综合训练

一、概念识记

流量　访客数　浏览量　流量池　公域流量　私域流量　裂变　漏斗模型　用户运营

二、单选题

1.以下选项不属于私域流量的是（　　）。

A.微信朋友圈　　　　B.微信群　　　　　　　C.QQ群　　　　　　　D.电商平台

2.以下有关私域流量说法错误的是（　　）。

A.较为可控　　　　　B.可反复触达　　　　　C.深入服务可能　　　D.获取成本高

3.以下关于公域流量说法错误的是（　　）。

A.不可控　　　　　　B.获取成本高　　　　　C.使用程度较浅　　　D.可反复触达

4.以下说法错误的是（　　）。

A.流量=客户量

B.引流的最佳方式是用刚需引导

C.引流过来的用户不是放任不管

D.私域流量是借助个人平台直接获取用户

5.以下不属于公域流量池的是（　　）。

A.微信朋友圈　　　　B.抖音　　　　　　　　C.快手　　　　　　　D.企业微信

6.以下不属于衡量流量的数据指标的是（　　）。

A.访客数　　　　　　B.浏览量　　　　　　　C.网站大小　　　　　D.访问次数

7.拥有搜索引擎、大数据、社交网络和云计算，就可以将碎片化信息进行组合，利用大数据技术从中挖掘商机，这说明了数字化营销具有（　　）的优势。

A.透明度高　　　　　B.参与广泛　　　　　　C.中间成本低　　　　D.信息处理效率高

8.首次投资赠送体验金，投得越多送得越多。此策略可以实现（　　）。

A.个性化服务　　　　B.新产品开发　　　　　C.引导用户成长　　　D.用户的高留存率

9.以下不属于漏斗模型的元素的是（　　）。

A.时间　　　　　　　B.节点　　　　　　　　C.流量　　　　　　　D.营销

10.以下说法错误的是（　　）。

A.让运营效率得到进一步提升

B.让供需的匹配关系更加合理

C.让资源更加集约

D.让操作方便、快捷、高效

11.关于客户流失挽回表述错误的是（　　）。

A.对企业来说价值大的关键客户是挽回工作的重中之重

B.声望太差，与之建立业务关系会妨碍企业形象和声誉的客户不值得挽回

C.普通客户的重要程度仅次于关键客户

D.面对客户的要求、意见要及时地做出回应，若无法满足，则应放弃挽回

12.某品牌为了了解目标客户的购买力，需要对（　　）标签进行分析。

A.兴趣爱好　　　　　　B.年龄　　　　　　　C.性别　　　　　　　D.收入

13.搜索引擎推广的简称是（　　）。

A.SEM　　　　　　　　B.SERP　　　　　　　C.SEO　　　　　　　D.SEC

14.老张要做一个女性服装批发的销售网站进行在线销售，在进行搜索引擎营销时，你觉得最应该选择（　　）关键词进行推广。

A.服装批发　　　　　B.女装　　　　　　　C.女装批发　　　　　D.女装网站

15.以下说法中错误的是（　　）。

A.流量需要到流量聚集的地方去获取

B.流量聚集的地方就是互联网

C.流量可以凭空产生

D.流量聚集的地方就是移动互联网

16.网站的PV上升，UV上升，表示网站（　　）。

A.运营良好　　　　　　　　　　　　B.还需加大推广

C.需要进行内容优化　　　　　　　　D.需要同时进行推广和内容优化

17.下列关于漏斗分析模型说法中错误的是（　　）。

A.漏斗分析模型是产品实现精细化运营的重要分析模型

B.企业可以监控用户在各个层级的转化情况

C.跟踪整个漏斗转化以产品为单位

D.科学的漏斗分析需要科学归因设置

18.下列关于用户运营的核心工作描述错误的是（　　）。

A.设计用户玩法

B.拉新、促活、留存、转化

C.搭建用户体系，打牢用户运营基础框架

D.寻找目标用户，提高用户获取质量

19.以下不属于企业或商家出于工作或商业目的而使用的系统性软件、工具或平台的是（　　）。

A.开发端　　　　　　B.技术端　　　　　　C.企业端　　　　　　D.消费端

20.关于搜索流量，以下说法错误的是（　　）。

A.核心是通过推荐行为进行展现

B.核心是通过搜索关键词进行展现

C.做好搜索不仅仅是带来搜索流量

D.搜索流量是京东站内的核心流量渠道

三、多选题

1.以下选项属于私域流量的特点的有（　　　）。

A.长期使用　　　　　B.免费　　　　　　　C.反复触达　　　　D.短期使用

2.私域流量池特点有（　　　）。

A.人性化　　　　　　B.可信任　　　　　　C.可复制　　　　　D.可扩展

3.以下关于客户关系管理的说法错误的是（　　　）。

A.客户关系管理就是一对一营销，满足客户个性化的需求

B.客户关系管理是以客户为中心的理念来支持有效的营销、销售和服务过程

C.客户关系管理就是利用一种软件，对客户进行管理

D.导入客户关系管理系统，必须先做好企业资源计划

E.客户关系管理就是一种数据管理

4.私域在（　　　）方面具有非常显著的优势。

A.渠道整合　　　　　　B.流量　　　　　　　　C.用户特性

D.获客成本　　　　　　E.运营

5.以下属于公共区域流量的有（　　　）。

A.淘宝　　　　　　　B.拼多多　　　　　　C.抖音　　　　　　D.快手

6.提高用户留存常见的方法有触达用户和（　　　）。

A.每日签到　　　　　　　　　　　B.积分体系

C.会员体系　　　　　　　　　　　D.优化产品和服务

7.以下说法中正确的有（　　　）。

A.保持一个老客户的营销费用是吸引一个新客户营销费用的1/5

B.向现有客户销售的概率是50%，而向一个新客户销售产品的概率为15%

C.客户忠诚度下降5%，企业利润则下降5%

D.如果将每年客户关系率增加5个百分点，可能使企业利润增长85%

8.搜索引擎营销（SEM）是依据用户运用搜索引擎的方式，利用用户检索信息的时机尽可能将营销信息传送给用户。常用的搜索引擎有（　　　）。

A.百度　　　　　　　B.360　　　　　　　C.搜狗　　　　　　D.微信

9.搜索引擎网站的三大流量来源主要是指（　　　）。

A.内部链接　　　　　B.外部链接　　　　　C.直接访问　　　　D.搜索引擎

10.以下关键词中，属于核心关键词的有（　　　）。

A.女装　　　　　　　B.型号　　　　　　　C.旅游住宿　　　　D.婚纱摄影

11.（　　　）给我们提供了广泛的流量获取场所。

A.电商　　　　　　　　　　B.社交软件　　　　　　C.SEO

D.自媒体　　　　　　　　　E.短视频

12.（　　　）属于流量转化的形式。

A.投放　　　　　　　　　　B.合作　　　　　　　　C.直播

D.优惠 E.续费

13.用户可以通过（　　）渠道获得品牌资讯需求。

A.百度搜索 B.360搜索 C.抖音 D.快手

14.下列描述符合用户画像特点的有（　　）。

A.家庭年收入100万元以上；家庭总资产1 000万元以上

B.孩子年龄在14～18岁，属于初高中学生

C.家长年龄在30～35岁的中产富裕家庭

D.家长关注孩子的教育，愿意为孩子的教育投入

15.以下各项属于消费者标签的有（　　）。

A.性别 B.年龄 C.职业 D.受教育程度

16.以下各项属于客户体验的有（　　）。

A.物品选择多 B.客户获得速度快

C.使用速度快 D.质量好

E.价格便宜

17.数字化营销的方式有（　　）。

A.在线合作 B.网络广告 C.新媒体 D.报纸

18.数据可以通过用户特性精准匹配目标客户的有（　　）。

A.指定年龄阶段（判断经济能力）

B.接收了某个金融产品的通知类短信的用户

C.安装了某个金融理财App的用户

D.接收了某个金融类app注册通知短信的用户

19.通过对消费者的（　　）等进行数据分析后作出精准而个性化的判断，能够得到更为精准的目标消费者的画像并洞察消费者的真实需求。

A.行为习惯 B.年龄 C.教育程度

D.消费习惯 E.社交特征

四、判断题

1.顾客标签是通过已知数据和数据分析给每个会员打上其属性标签，包括静态标签和动态标签。　　　　　　　　　　　　　　　　　　　　　　　　　　　（　　）

2.顾客标签的定义是基于用户背景和行为的多维度属性。　　　　　　　（　　）

3.客户标签构建就是对客户显著特征的分类、提炼和总结过程。　　　　（　　）

4.销售漏斗模型量化了营销过程的各个环节的效率，帮助企业找到薄弱环节。
　　　　　　　　　　　　　　　　　　　　　　　　　　　　　　　　（　　）

5.微信通过明星朋友圈、首条评论等互动形式种草就是实现与用户的亲密互动，从而激发用户关注。　　　　　　　　　　　　　　　　　　　　　　　　　（　　）

6.引流是指吸引用户，通过某种方法、某种手段能让更多的人可以看到你，关注到你，进而对你的产品/服务进行消费，这也是引流的最终目的。　　　　　　　（　　）

7.不管是在线上还是线下的运营,获取流量赚钱过程中必不可少的一个环节,而如何找到消费者,这个过程就是引流。（　　）

8.App开发出来是一次性的。（　　）

9.在移动互联网时代,在数字化的营销时代,有可能你的知识、经验,甚至你对某些事情的看法和评价都会变成一个产品。（　　）

10.流量是所有商业模式的基础,积淀的流量越多,能够获取的资源也越多,最后获利也会越多。（　　）

11.私域流量是指品牌或个人自主拥有、可以自由控制、无须付费且能多次利用的用户流量资源。（　　）

12.引流入口页面呈现的效果就是在短暂的时间内迅速抓住消费者的眼球,在视觉暂留时间1~2分钟之内刺激消费者,进而产生点击行为。（　　）

13.数字化营销的本质是营销,只不过数字化营销更依赖于数字渠道以及大数据来进行洞察分析。（　　）

14.数字化营销系统的建立就是把传统的营销方式完全推翻。（　　）

15.数字化时代所讲的平台是公司的平台,而不是市场上已经具有一定客户群体和数据的流量平台,如抖音、微信等社交类平台。（　　）

16.每个人使用手机的互联网行为都会在运营商的数据量里留下痕迹。（　　）

17.流量裂变是建立在有一定基础数量之后的一次引流。（　　）

18.私域流量是指以个人为主体所连接到人的关系数量或者是访问量。（　　）

19.公域流量是公共的,比如你去网吧上网,网吧老板有权决定你的去留,此时你和电脑之间就是公域流量。（　　）

20.留存可以反映出一个产品对于用户的吸引力,流量就是客户量。（　　）

五、简答题

1.有一家东北大饼店,附近很多上班族早上都去买大饼,常常会有十几人排队。大饼店旁边有一个包子铺,里面摆放杂乱,生意冷清。

转变在一次春节,大饼店老板回东北过年,店铺没任何告示。年后回来的上班族们第一周是期待,第二周是疑惑,第三周彻底失望。一个月后,东北大饼店重新开门,但已经没有人去买饼了。而旁边的包子铺,生意仍旧萧条。

不久以后,饼店关门结业,由一家专业的包子店接替,旁边的包子铺也完全失去了生意。

问:如何形成客户黏性?

2.广告主在数字化营销构建的流量经营体系中如何运用漏斗模型提升营销效率?

六、实战演练

2016年11月9日,甲骨文云大会在上海举行。为了助攻大会,会议在线下的基础上,在线上也进行传播、推广。

(1) PC端直播页面。甲骨文的PC端直播页面,实现了大会简介、日程、嘉宾介绍、直播公告、QA、分享、在线人数展示、网络状态选择、切换、问卷等功能。方便观看者了解大会信息以及参与互动。

（2）手机端直播页面。为了方便手机端用户，甲骨文在手机端也部署了视频、PPT、日程、问答、投票、在线人数展示、高清普清切换的功能。

（3）联合推广。为了吸引更多的人参与，甲骨文还专门设置了eDM推广。eDM发出后，用户通过eDM点击立即注册，系统可以直接进入注册页面，注册报名后系统可以进入倒计时提醒。

（4）OCW官网和手机端在线直播。甲骨文官网也进行了同步直播，使得正在搜索的人也能同步看到大会直播情况。增加对甲骨文的了解。

（5）多渠道联合直播，扩大影响面。为了扩大影响面，甲骨文整合了多家直播平台，以及媒体进行在线直播。

经过以上操作，甲骨文云大会吸引逾3 000位国内企业高管、IT行业领袖、开发者以及来自人力资源、财务、营销等领域的精英参与。与此同时，大会还吸引了超过80 000名在线参与者。

通过以上案例分析制定数字化营销策略的重要性。

［1］陈渟．互联网金融［M］．上海：上海交通大学出版社，2017．

［2］周雷．互联网金融理论与应用［M］．北京：人民邮电出版社，2016．

［3］白东蕊，岳云康．电子商务概论［M］．4版．北京：人民邮电出版社，2019．

［4］郭福春，吴金旺．区块链金融［M］．北京：高等教育出版社，2021．

［5］郭福春，史浩．互联网金融基础［M］．3版．北京：高等教育出版社，2022．

［6］科特勒，凯勒．营销管理［M］．王永贵，译．14版．北京：中国人民大学出版社，2012．

［7］杨骏．营销和服务数字化转型：CRM3.0时代的来临［M］．北京：中国科学技术出版社，2020．

［8］孙国峰．共建金融科技新生态［J］．中国金融，2017（7）．

［9］王艳，李凤娇，薛怡．人工智能在金融领域的应用研究［J］．中国集体经济，2019（5）．

［10］赵倩倩．大数据时代与银行未来发展［J］．经济研究导刊，2015（9）．

［11］王迁．"索尼案"二十年祭——回顾、反思与启示［J］．科技与法律，2004（4）．

［12］周汉华．论互联网法［J］．中国法学，2015（3）．

［13］赵鹏．私人审查的界限——论网络交易平台对用户内容的行政责任［J］．清华法学，2016（6）．

［14］谢平，邹传伟．互联网金融模式研究［J］．金融研究，2012（12）．

［15］刘春雄．数字化改变营销［J］．销售与市场（管理版），2021（1）．

［16］赵冬，吴斯怡，张铁．"互联网+"背景下企业管理创新策略研究［J］．商展经济，2020（14）．